Christophe de La Chaise

Acteurs d'un monde meilleur

UN NOUVEAU VISAGE POUR L'ENTREPRISE

Préface de Xavier Fontanet

SALVATOR

Yves Briend Éditeur SA
103, rue Notre-Dame-des-Champs F-75006 Paris
contact@editions-salvator.com
www.editions-salvator.com

Maquette intérieure : Atlant'Communication
Couverture : Aliénor Atinault

ISBN : 978-2-7067-2497-8

Préface

CHRISTOPHE de La Chaise est convaincu que l'entreprise est un des piliers de notre société. Son livre est un outil mis au service de ses responsables. Il se donne comme but de les aider à imaginer les impulsions à donner pour traverser la période riche en promesses, mais aussi en dangers, que nous vivons actuellement.

C'est un livre original par sa conception même. Vous allez en effet découvrir les messages les plus forts, passés lors de cent soixante-dix des conférences que l'auteur a organisées. Les intervenants, dont les idées sont reprises telles quelles, viennent de tous les bords : chefs d'entreprise, enseignants, chercheurs, écrivains, psychologues, philosophes, sportifs et aventuriers, chacun apportant sa contribution à la réflexion ou racontant les expériences (certaines très fortes) qu'ils ont vécues.

Les entreprises et leurs responsables ne constituent pas un groupe homogène. Il y a ceux dont le seul but est de faire du profit, ils ont des comportements de rapaces, le livre n'est pas pour eux. Il y a aussi ceux qui savent qu'une entreprise n'existe que si elle rend un service utile que les clients sont prêts à payer. L'argent compte pour eux, car il est un moyen, mais ils savent qu'en dernier ressort, le résultat financier n'est autre que la récompense qu'octroient aux meilleurs des concurrents des clients satisfaits ! C'est à l'intention de cette deuxième catégorie que Christophe destine son livre.

Dans le monde concurrentiel où nous vivons, l'efficacité opérationnelle est, avec la qualité des produits et des services, une des clés de la réussite. Elle suppose de créer une bonne ambiance de travail que l'on pourrait appeler climat de confiance qui permet aux équipes de trouver un intérêt et un sens à leur travail.

Les premiers chapitres concernent le sujet essentiel de la motivation des équipes et ce qu'il faut changer dans le contexte des mutations considérables qui sont en train de s'opérer. Les nouvelles générations ont des attentes qui ont énormément évolué par rapport à ce qu'ont connu les dirigeants actuels quand ils étaient jeunes. Il est capital de bien sentir ce qui se passe si on veut que l'entreprise reste performante et plus prosaïquement que les nouvelles générations continuent de s'intéresser à elle.

Toujours en faisant appel aux contenus et aux témoignages récoltés au fil des conférences, l'ouvrage passe en revue des valeurs montantes (bienveillance, gratitude, solidarité…) sur lesquelles il est recommandé de s'appuyer.

L'individu, quand il est en confiance, est capable de choses exceptionnelles. Les chefs d'entreprise doivent être conscients de ce formidable potentiel qui est une source d'optimisme pour la période qui s'ouvre. L'ouvrage relate des exploits individuels exceptionnels en cherchant à comprendre où sont les ressorts de ces actions et tire les leçons de ces histoires.

Les messages repris par le livre couvrent un spectre si vaste qu'il pourrait donner le tournis par moments ! Il ne faut pas attendre du livre de sortir avec des idées simples à appliquer, Il faut le voir comme un riche florilège de points de vue venant de personnalités inspirantes dans lequel le lecteur pourra piocher et construire sa vision personnelle des choses.

Xavier FONTANET[1]

1. De 1991 à 2010, Xavier Fontanet a dirigé le groupe Essilor, qui connaît sous sa direction une croissance sans précédent. Depuis 2012, il est professeur associé de stratégie à HEC Paris, chroniqueur aux *Échos* et auteur de plusieurs essais où il partage son expérience et sa passion de l'entreprise. Voir également son témoignage p. 126.

Avant-propos

En lisant mon contrat d'édition, une phrase me fait sourire ; elle stipule, en effet, que « l'auteur garantit que l'œuvre ne contient aucun emprunt à une autre œuvre de quelque nature que ce soit qui serait susceptible d'engager la responsabilité de l'éditeur ».

Cette précaution, nécessaire et compréhensible, me laisse un peu circonspect, car la majeure partie de ce livre que vous tenez entre vos mains est écrite à partir des conférences et témoignages écoutés lors de nos universités d'été !

Je suis d'ailleurs particulièrement reconnaissant aux quelque soixante personnalités qui ont courtoisement accepté de me laisser reproduire une partie de leurs propos.

Introduction

Une remise en question positive

Le 14 juin 2002, lors d'une belle journée, je vois arriver à mon bureau mon ami Jacques, soucieux. Lui qui est toujours de belle humeur n'a pas la même expression enjouée que d'habitude. Je l'interroge : « Que t'arrive-t-il Jacques ? » Il me répond que la société dans laquelle il occupe le poste de directeur de la communication, a engagé un sévère plan de redressement, après de lourds investissements... Et que l'alternative que vient de lui proposer son patron est soit de rester au même poste, mais sans aucune garantie future, soit de bénéficier d'un avantageux plan de départ en préretraite.

Mon ami me fait part de ses hésitations : l'offre de départ est avantageuse... mais il n'a que 55 ans ! Comment notre société moderne, engagée depuis peu dans l'aventure prometteuse d'Internet, peut-elle favoriser encore ce schéma si brutal, inchangé depuis la fin des Trente Glorieuses ? Quelques mois plus tard, un autre ami, âgé de 55 ans également, lui aussi à un poste de dirigeant fonctionnel dans un grand groupe, se trouve confronté au même dilemme... Depuis longtemps, je souhaitais amener dans l'entreprise les sujets de sens et de valeurs : cette double mésaventure agit en moi comme un déclencheur.

Avec l'équipe du CECA, un cabinet conseil spécialiste de formation et de communication nous allons lancer un nouveau rendez-vous, destiné aux décideurs, pour les faire réfléchir à l'idée suivante : ne jamais avoir à choisir entre performance et être humain.

L'université Hommes-entreprises réunira fin août, durant une vingtaine d'années, dans le cadre privilégié du château Smith Haut Lafitte, plus de cent soixante-dix personnalités inspirantes : philosophes, artistes, musiciens, psychiatres, chefs d'entreprise, religieux, sportifs de haut niveau, journalistes, scientifiques, écrivains, etc. Ceux-ci s'exprimeront sur des sujets de société qui impactent nos vies : la confiance, l'engagement, être maître de son destin, la valeur du temps, le sens et la croissance, le bonheur et la performance… La plupart de nos intervenants sont animés par un des objectifs de ces universités d'été : la remise en question positive.

Remise en question, car l'entreprise, au fil des évolutions techniques, mais aussi des crises, a montré non seulement sa capacité d'adaptation, mais aussi son potentiel de créativité et d'innovation : nous souhaitions donc nous inscrire dans cet esprit. Positive, car la communication moderne de la plupart des événements qui jalonnent notre vie est trop souvent déformée et amplifiée par certains grands médias et par les réseaux sociaux, persuadés que les mauvaises nouvelles leur permettront d'augmenter leurs ventes ou leur audience : il y a donc urgence à rééquilibrer notre perception collective de la vie !

La somme de ces quelque deux cents conférences représente une grande richesse pour les personnes qui souhaitent nécessaire une prise de recul pour réfléchir et imaginer des solutions aux enjeux de notre temps. Vingt ans après, cette intuition de départ est devenue la question centrale de nos organisations : comment répondre à la question du sens dans le monde du travail ? Y répondre, c'est trouver des solutions aux défis actuels lancés aux entreprises qu'aucune stratégie n'avait prévus il y a vingt ans et qui ont des conséquences incalculables sur la rentabilité et l'efficacité des organisations, car ils questionnent leur capacité à fidéliser, motiver et recruter.

Sur la seule question de la motivation, le dernier sondage Gallup (en 2021) fait ressortir que seuls 6 % des salariés français se sentent engagés dans leur entreprise, avec une variation souvent importante en fonction de la taille de l'entreprise. L'écart est important avec celui d'autres pays : 33 % aux États-Unis et au Canada, 14 % ailleurs en Europe. Les différences culturelles (le côté râleur des Français !) n'expliquent pas tout...

La question du sens au travail, de la confiance dans l'entreprise, de la confiance en soi, en l'autre, de notre façon d'appréhender le destin et finalement de construire une autre société – au sens large – représente donc un enjeu majeur, non seulement pour la génération au pouvoir, mais pour la génération à venir, qui nous a clairement montré qu'elle n'était pas prête à accepter nos règles...

À l'aube d'une nouvelle vie professionnelle, je souhaite transmettre le meilleur de ce que j'ai pu écouter lors de nos universités d'été, les universités Hommes-entreprises, pour redonner foi en l'homme, en la société, donner des clés utiles pour imaginer une société plus ambitieuse, que la seule satisfaction des biens matériels et la préservation de l'environnement.

L'idée m'est venue de réunir en un seul ouvrage les passages les plus pertinents de soixante de ces conférenciers qui sont intervenus dans ce cadre, depuis l'économiste Philippe Dessertine, un des premiers à avoir annoncé la grande crise de 2008, le psychiatre Christophe André, qui a été l'apôtre de la pleine conscience en France, le prêtre Guy Gilbert, consacrant quarante ans de sa vie à ceux que l'on appelait encore les loubards, la grande chanteuse Barbara Hendricks, si impliquée auprès des réfugiés, la courageuse Íngrid Betancourt, otage des Farcs durant six ans et demi, les philosophes : Michel Serres, Cynthia Fleury, Luc Ferry, Julia de Funès, Fabrice Hadjadj…, le grand mathématicien et député Cédric Villani, le chantre de l'optimisme en France Philippe Gabilliet, jusqu'aux défenseurs de notre belle planète comme Pierre Rabhi ou Cyril Dion, pour ne citer que ces quelques personnalités.

Plus que jamais, l'entreprise doit montrer qu'elle n'a plus comme seul objectif la recherche de profit. À elle de s'appuyer sur un référentiel de valeurs humaines fortes, pour redonner un peu d'espérance dans ce monde qui en manque tant.

PREMIÈRE PARTIE

MUTATION DU TRAVAIL ET RECHERCHE DE SENS

1

Loi de la jungle et monde d'incertitude

DEPUIS vingt à trente ans, l'entreprise passe d'une logique de recherche du seul profit à une logique de recherche de sens.

La loi du seul profit

L'époque où j'ai commencé à travailler a été marquée par une forte désindustrialisation, engendrant des faillites importantes et un chômage élevé. Après avoir tenté des solutions de nationalisations ou d'aides ponctuelles, les gouvernements mis en place sous François Mitterrand se rendaient à l'évidence: des pans entiers de notre industrie disparaissaient, concurrencés trop fortement par les pays à bas coûts...

Dans le marasme ambiant, fait de plan de licenciements successifs, de conflits sociaux et de montée inexorable du chômage, un entrepreneur semblait sortir du lot, par son audace, sa vitalité, sa capacité d'entraînement et, plus que tout, son art de la persuasion qui lui aurait permis de vendre du sable à des Touaregs: Bernard Tapie. Porté régulièrement aux nues par certains médias, admiré par certains, détesté par d'autres, la fatalité semblait n'avoir aucune prise sur lui.

Et pourtant, sa méthode était toujours la même: en toute légalité, il rachetait à bas prix une entreprise – finissant toujours par convaincre les syndicats les plus récalcitrants qu'il n'y aurait aucun licenciement –, revendant quelques années plus tard l'entité la plus profitable avec une forte plus-value… après avoir licencié les salariés appartenant à l'unité déficitaire !

Ce qui nous semble aujourd'hui inadmissible était à l'époque considéré sinon comme normal, du moins acceptable : il se trouvait toujours une partie de la population pour considérer qu'il n'existait pas d'autres solutions possibles et pour apprécier les prises de parole de ce roi de l'opportunisme, véritables spectacles médiatiques !

Un des modèles dominant des années 1980 était un entrepreneur pour qui le monde des affaires relevait de la loi de la jungle. En ce sens, son credo était simple : vos convictions, vos croyances, votre morale ne peuvent concerner que votre vie privée, car à 8 heures le lundi matin, vous rentrez dans le monde du travail, là, c'est du sérieux, tous les coups sont permis pour arriver à vos fins !

Ce clivage dans les convictions personnelles était si bien admis dans ces années que l'opinion de l'époque avait, semble-t-il, accepté sans trop rechigner la nomination par François Mitterrand de l'entrepreneur médiatisé au poste de ministre de la ville…

Quelques années plus tard, le philosophe André Comte-Sponville expliquera très bien (dans son ouvrage : *Le capitalisme est-il moral ?*[1]) que la société est construite sur plusieurs principes comme la loi, puis la morale, puis l'éthique et que pour lui, l'entreprise n'est pas immorale, mais simplement amorale : elle n'a pas à se préoccuper de la morale.

Quatre ans plus tard seulement, une terrible crise économique révélera les conséquences d'une société où les entreprises – et les institutions – ne se préoccupent pas du tout de morale, en tout cas de la recherche du bien commun.

---

1. Pour toutes les références, voir la bibliographie en fin d'ouvrage, p. 201.

L'origine de la crise des *subprimes*

2008 marque le déclenchement de la crise dite « des *subprimes* », si bien racontée par l'économiste Philippe Dessertine dans son livre : *Ceci n'est pas une crise, juste la fin d'un monde.* À partir de l'an 2000, Allan Greenspan va baisser les taux d'intérêt (alors que la richesse du pays diminue...) au nom d'une idée pratique : que chaque Américain devienne propriétaire. Les conditions sont trop belles : le foyer moyen peut acquérir une maison payée à 100 % par le crédit, avec très souvent une possibilité de remboursement *in fine*...

Tout le monde se précipitant pour acheter à cause de conditions apparemment si avantageuses, l'immobilier grimpe, les maisons prennent de la valeur et les acheteurs sont de plus en plus nombreux. Beaucoup de monnaie créée sans produire de richesse aurait dû conduire au krach à brève échéance. Celui-ci est évité grâce à la Chine qui achète massivement des dollars, permettant aux Américains de dépenser... en achetant du « *made in China* » (en 2009, la Chine détenait deux mille deux cents milliards de dettes en dollars, soit la production d'une année entière !). En 2005, les Chinois produisent de plus en plus avec un risque de surchauffe. Les Américains augmentent alors leurs taux pour éviter que l'immobilier ne baisse.

En parallèle sont apparus des « *hedge funds* », fonds spéculatifs non réglementés, permettant d'emprunter à taux bas avec des possibilités de rémunérations – et de risques – très élevés. Les achats de *hedge funds* se sont propagés petit à petit dans toutes les banques, contaminant les banques traditionnelles avec des produits spéculatifs. C'est cela qui va amener la crise des *subprimes*.

Le premier krach a lieu en mars 2008 avec la faillite de Bear Stearns, une des plus grandes banques d'investissement américaine. Le second pic est la faillite de Freddy et Fannie, grosse société de crédits hypothécaires, le premier week-end de septembre 2008. Craignant l'effet domino des faillites, l'État américain se porte caution pour cinq mille milliards de dollars : du jamais-vu pour l'époque !

Le deuxième week-end, on assiste à un nouveau tremblement de terre avec la faillite de Lehmann Brothers, une des plus grandes banques d'investissement multinationale (chiffre d'affaire de quarante-six milliards en 2006). À chaque fois, il faut trouver d'urgence un repreneur. Seule l'entente entre les pays du G20 a permis de sauver l'économie mondiale.

Les politiques de l'époque, à la recherche d'un bouc émissaire, ont souvent voulu faire porter la responsabilité aux banques : c'est un mauvais procès. D'abord, parce que les banques sont un outil indispensable au financement de l'économie. Ensuite, parce que la plupart d'entre elles ont été entraînées dans une hausse difficilement contrôlable d'accroissement du profit… demandé par leurs propres clients.

Qui d'entre nous, en effet, accepterait de se contenter de la rémunération d'un placement rapportant 2 %, là où les toutes les banques concurrentes proposeraient 10 ou 15 % ? En revanche, certaines, plutôt des banques d'affaires, ont eu un rôle particulièrement néfaste. C'est le cas de Goldman Sachs.

Greed is good for you

Goldman Sachs, symbole de rigueur, de performance, de fidélité de ses salariés, mais aussi de la cupidité et du cynisme de Wall Street durant la crise, a démontré quelles conséquences désastreuses une entreprise ne se préoccupant pas de morale pouvait produire. La banque était dirigée par un certain Lloyd Blankfein, un *self-made man* ayant grandi dans un HLM de Brooklyn, qui avait la réputation d'haranguer ses collaborateurs avec des formules comme: « *Greed is good for you!* » (« La cupidité est une bonne chose pour vous »). La banque trompait en réalité ses propres clients: en pariant sur un effondrement des crédits immobiliers américains (soit des *subprimes*, en prêtant sous le niveau minimum de prime, de garantie), tout en revendant à d'autres des produits financiers en apparence rémunérateurs, mais en réalité toxiques.

Elle continuait aussi à spéculer sur les matières premières le jour du 11 septembre 2001, alors que les nuages âcres des incendies des tours du World Trade Center se propageaient dans New York « parce qu'il y a de l'argent à se faire, quoi qu'il arrive ». Et elle aidait la Grèce, dont elle était le conseil financier, à maquiller une partie de ses comptes, de façon à réduire artificiellement la dette, pour rester dans la zone euro.

La crise des *subprimes* a été la plus grave crise économique jamais vécue par des pays économiquement développés depuis celle de 1929: pendant plusieurs semaines, on a même douté que le système économique capitaliste puisse lui survivre. Seule l'entente des principales puissances, une Europe unie et l'injection de centaine de milliards de dollars ou d'euros dans la machine économique a pu le sauver. Pour beaucoup, l'espérance de voir naître un nouveau système économique, remettant la finance au service de l'économie et l'économie au service de l'homme a été grande... mais malheureusement de courte durée.

Cette crise a également entraîné une perte de confiance, d'abord dans les représentants de la finance, jugés responsables de cette catastrophe, ensuite dans les politiques et les institutions, qui n'ont pas su réformer en profondeur le système économique. Par ailleurs, cette perte de confiance dans les grands repères institutionnels, cette inquiétude montante devant les grandes crises, qui se succèdent et qui fragilisent les entreprises et donc les salariés, ont engendré de nouvelles attentes par rapport à l'emploi et à la satisfaction du travail caractérisées par un besoin d'éthique, de sens, d'épanouissement, voire de bonheur. Mais la recherche de bonheur au travail est-elle légitime ?

2

La recherche du bonheur au travail

« Le vrai bonheur, c'est de continuer
à désirer ce que l'on a déjà. »
Pierre Teilhard de Chardin

CRISES, chômage : notre conception du travail est bouleversée. Le bonheur au travail est-il un but ? L'économie est-elle toujours au service de l'homme ?

Limiter le travail pour le redistribuer

À la fin des années 1990, le chômage bat un nouveau record en France avec plus de 3,1 millions de chômeurs. Les politiques se mobilisent pour tenter de trouver des solutions : parmi elles, une idée se profile, celle de limiter le temps de travail du plus grand nombre, de façon à le redistribuer à ceux qui en sont privés.

Mise en pratique sur la base du volontariat par certaines grandes entreprises, sur la base du 4/5, la réduction du temps de travail est ensuite imposée aux autres lors de l'arrivée au pouvoir du gouvernement Jospin, par Martine Aubry, à l'aube de l'an 2000. Le passage aux trente-cinq heures divise les Français, avantageant certains salariés (notamment les cadres de grandes entreprises), désavantageant d'autres catégories comme les ouvriers, qui ne peuvent plus bénéficier d'heures supplémentaires mieux rémunérées.

Des années plus tard, le bilan est mitigé : la création d'emploi est moins importante que ce qui était prévu et la diminution du temps de travail a des répercussions dommageables dans certains secteurs du domaine public. Dans les hôpitaux, cette réforme se traduit concrètement soit par une hausse des coûts, soit par une baisse de temps disponible au détriment des patients, perceptible encore vingt ans après.

Si la diminution du temps de travail est présentée comme un bienfait pour la communauté nationale (elle permettrait de procurer un travail à des chercheurs d'emploi), elle amène l'idée que le travail n'est pas forcément un lieu d'épanouissement, ce que récusent beaucoup de personnes, quel que soit le type d'emploi qu'ils occupent.

La financiarisation de l'économie

Par ailleurs, l'économie s'est financiarisée, dans la deuxième moitié du XXe siècle, pour augmenter les gains de productivité dus aux seuls progrès technologiques et permettre un revenu accessible au plus grand nombre, le grand rêve de l'après-guerre.

L'économiste Pierre-Yves Gomez explique très bien le mécanisme qui a conduit à cette financiarisation, dans son livre, *Le travail invisible* : la création aux États-Unis dans les années 1970 des caisses de retraite par les entreprises, puis des fonds de pension, permettant de placer ces fonds en Bourse, génère des flux de plusieurs milliards de dollars.

Les Européens les imitent, inventent les SICAV et les Fonds communs de placement. Pour la première fois, le revenu est dissocié du travail et le fonctionnement de la société repose sur une promesse de rente généralisée. En 1990, tous les pays sont financiarisés : une partie importante de l'économie passe désormais par les marchés financiers. Les entreprises cherchent à capter la plus grande part de ce financement, mais un nombre restreint d'entre elles accapare la plus grosse part des fonds. On assiste à une course au rachat d'actions, y compris au-delà des frontières, le marché national ne suffisant plus, ce qui amène à la globalisation. Les entreprises doivent être performantes et, pour capter des financements, innover toujours plus. Pierre-Yves Gomez poursuit :

> Alors les promesses ambitieuses de dividendes à verser en fin d'exercice doivent être honorées, ce qui n'est pas sans conséquence sur la vie des entreprises. Préoccupées par leurs engagements, celles-ci surveillent leurs résultats au moyen de reportings financiers, tandis que leurs fonds leur demandent des comptes de plus en plus régulièrement. Dès lors, le management doit s'adapter à ces exigences et, à travers des analyses sophistiquées, la productivité de tout acte de travail est passée au crible. En définitive, cette entreprise maintenant financiarisée a adopté des processus abstraits[1].

C'est ainsi que, d'une économie qui, au départ, était au service de l'homme, on arrive au processus inverse, où l'homme se met au service de l'économie, avec des conséquences logiques sur la perception du travail.

Bonheur au travail : mythe ou réalité ?

Est-ce par réaction que certains décideurs se sont posé la question du sens du travail : est-il possible de considérer le travail, non comme le *tripalium* – terme latin signifiant

---

1. Pour les références des citations, voir la bibliographie en fin d'ouvrage, p. 201.

instrument de torture – mais comme un lieu d'épanouissement, voire de bonheur ? C'est la conviction de Laurence Vanhée. Vice-présidente internationale en charge des ressources humaines d'un groupe de recherche pharmaceutique, en progression exponentielle (huit cents à mille quatre cents salariés en quatre ans), elle tente de mettre en place des moyens pour apporter du mieux-être dans sa société, convaincue que cela sera profitable à l'entreprise.

Ses tentatives se heurtent à un mur inébranlable : son chef n'est convaincu que par la loi du cash, du profit à court terme (la société est cotée en Bourse) et elle s'épuise au point de se rendre malade durant de longs mois. C'est une proposition de collaboration du président du ministère de la Sécurité sociale belge, fin 2009, qui va la sauver.

À son arrivée, cet organisme n'est pas, a proprement parlé, une entreprise attractive et performante : taux d'absentéisme particulièrement élevé, tout comme les délais de traitement des dossiers des citoyens, sentiment de fierté au travail particulièrement faible, absence de candidature spontanée, tout cela combiné à un départ à la retraite massif de 40 % des agents dans les dix années à venir. Il est donc urgent d'agir !

Le principe proposé est le suivant : la liberté est nécessaire au bonheur, mais elle s'arrête là où commence celle des autres. Avec une logique de co-construction, cent quatre-vingt-sept volontaires travaillent sur les sujets proposés. Les cadres ont chacun des évaluations à trois cent soixante degrés, dont ils sont seuls destinataires des résultats. Les nouvelles propositions doivent obligatoirement passer au tamis du KISSS : « *Keep it Straight and Simple and Sustainable* ».

Plusieurs changements importants ont été effectués, que l'on pourrait classer en deux grandes catégories : le télétravail et l'organisation des bureaux et le mode de management. Le télétravail a été le premier choix exprimé par les employés du ministère belge. Les agents sont passés de un à trois jours de télétravail par semaine : chacun peut décider quand, comment et où il veut travailler. La conséquence immédiate a été une rationalisation et une baisse conséquente de location des surfaces de bureaux occupés (sept bureaux pour dix agents en moyenne, avec une économie importante).

Cette mesure a permis à la direction de réunir tout le personnel sur un seul site, décoré et agencé à partir des suggestions énoncées : un espace pour se réunir, d'autres pour téléphoner ou pour travailler sur ordinateur, etc. En termes de management, les objectifs sont fixés et évalués collectivement, les chefs sont devenus des leaders, avec un rôle de facilitateur. Les mesures de travail prennent à la fois en compte la qualité de travail, leur quantité et l'attitude de l'agent.

Deux ans après, les résultats sont impressionnants : une économie de 12 M €/an a été réalisée, à la fois en termes d'économies matérielles (baisse du loyer et de la reprographie) et d'amélioration des conditions de travail (baisse de l'absentéisme de 26 %). Les effets positifs ne s'arrêtent pas là, car la productivité est en hausse de 20 %, le taux de manager femmes passe à 39 % et les candidatures spontanées affluent (elles augmentent de plus de 500 % !).

Laurence Vanhée constate que les résultats obtenus correspondent tout à fait aux travaux de recherche en psychologie positive effectués par Martin Seligman : un salarié heureux est deux fois moins malade, il est 55 % plus créatif. Au contraire, rarement comptabilisé, le coût de quelqu'un qui démissionne représente 45 % de coût supplémentaire pour l'entreprise, notamment parce qu'il génère du temps perdu à évoquer cette difficulté.

Comment mesurer le succès d'une organisation ? La vraie mesure du succès, c'est le bonheur. Au-delà d'un certain niveau de salaire, il est prouvé que les augmentations, les primes et bonus ne contribuent pas à rendre les gens heureux, en tout cas sur le long terme. Par exemple, on a pu mesurer que la « durée de vie » d'un bonus, en termes de bonheur, n'excédait pas six semaines !

Ce qui va influencer le bonheur au travail

Laurence Vanhée recommande plusieurs actions qui peuvent influencer le bonheur au travail : la vision commune, la confiance et cultiver la confiance en soi, avoir un travail qui fait du sens, la liberté et l'autonomie, avoir des réalisations personnelles et recevoir du *feed-back*, pouvoir mesurer ses progrès, se sentir responsable, travailler en équipe, être connecté. Le bonheur au travail, c'est le point commun entre ce que je fais bien, ce que j'aime faire et ce qui est utile à l'organisation.

Pour Laurence Vanhée, la démarche de bonheur au travail peut se résumer à six piliers : l'autonomie, le pouvoir de se connecter les uns aux autres, celui de contribuer (par une expertise, un savoir-faire...), obtenir des résultats, avoir une mission (de façon à voir plus loin que les résultats), la confiance en soi. Dix ans après cette transformation au ministère de la Sécurité sociale belge, la situation a-t-elle changé dans les entreprises ? La question du bonheur au travail est devenue centrale dans les organisations et permet de distinguer trois catégories d'entreprises :

– celles qui se sont emparées du sujet, en cherchant sérieusement des solutions pour croiser bonheur au travail et performance ;

– celles qui n'ont pas changé leurs pratiques ;

– celles qui ont voulu utiliser le mouvement du bonheur au travail en ne modifiant en rien leur fonctionnement, mais en utilisant des symboles : baby-foot à l'entrée de l'entreprise, nomination d'un « *chief happiness officer* » sans autre pouvoir que de communiquer sur les réseaux sociaux ou d'organiser des fêtes, etc.

Tous les dirigeants n'ont malheureusement pas suivi l'esprit et le plan de notre spécialiste des ressources humaines, ce qui est bien regrettable. Le manque de cohérence entre les annonces sur le bonheur au travail, comme si on pouvait le décréter, et la réalité, parfois bien éloignée, a amené de nombreux intellectuels et professionnels des ressources humaines à critiquer cette notion.

Du bonheur au travail à l'amour du travail bien fait

C'est le cas du philosophe Vincent Cespedes, très critique vis-à-vis du bonheur obligatoire en entreprise : « On a tellement moralisé le bonheur au travail en entreprise qu'on a fait du malheur une case impossible à cocher. » Par ailleurs, la mission de rendre les salariés heureux sous-tend l'idéologie selon laquelle un salarié heureux est un salarié rentable : il s'agit donc d'une forme d'assignation au bonheur ! Pour évoquer le bonheur affiché obligatoire, notre philosophe n'hésite pas à créer le mot « bonheurisme ». Pour lui, il ne peut y avoir de bonheur en entreprise, s'il doit revêtir cette dimension.

Six domaines d'excellence pour l'amour du travail

Vincent Cespedes évoque le bonheur-travail, l'amour du travail bien fait et six domaines d'excellence pour y arriver : Premier domaine, c'est l'harmonie avec le groupe, l'harmonie de l'homme avec son milieu. Elle est rendue possible grâce au leader, qui cherche à convaincre et motiver, plutôt qu'à imposer. Le contraire du leadership, c'est la manipulation. Deuxième domaine : l'action. Travailler devient une aventure. Les deux conditions pour réussir sont la passion, l'amour du métier qui est souvent contagieux et l'imagination, mais l'imagination au service de l'action. Troisième domaine : la fabrication. Pour Vincent Cespedes, les deux conditions nécessaires sont le doute fécond et la sérénité. En effet, pour être créatif et productif, l'homme a besoin de sérénité : on ne peut être créatif dans le stress.

Quatrième domaine : la collaboration. Pour réussir la collaboration, le dialogue et la douceur sont les conditions requises. L'opposé de la douceur, c'est la paresse. Cinquième domaine : l'énergie humaine. Elle dépend de plusieurs conditions : la confiance, le lâcher-prise, l'abandon et l'optimisme. Sixième domaine : la guerre. L'entreprise, c'est la guerre, poursuit le philosophe : il y a des épreuves, des concurrents, des objectifs à atteindre.

Pour réussir dans cet environnement, il faut être à la fois joueur et diplomate, être créateur dans un monde guerrier et savoir négocier avec une sorte de sixième sens. Un autre facteur joue un rôle non négligeable sur notre façon d'être heureux, qui touche aux émotions.

Ondes de charme, ondes de choc

Dans l'entreprise comme dans notre vie privée, nous sommes traversés par des émotions, positives ou négatives. Vincent Cespedes les nomme : « ondes de charme » et « ondes de choc ». Charme : votre fils, qui pensait avoir échoué son épreuve de bac de français, vous annonce qu'il a eu finalement un très estimable 15/20. Ressentant cette émotion, vous êtes traversé par une onde de charme. Choc : vous étiez sûr d'avoir rendu la meilleure proposition en réponse à un appel d'offres important à un de vos bons clients et vous recevez un courrier vous annonçant qu'un autre, moins cher, a été choisi.

L'onde de charme, comme la décrit très bien Vincent Cespedes, est comme une vague, elle vous submerge, elle vous inonde et elle continue sa route. « Charmé », irradié par cette bonne nouvelle, vous ne pouvez faire autrement que de propager cette onde bienfaisante autour de vous, pour le plus grand bien de vos proches, puis, des proches de vos proches. L'onde de choc se développe malheureusement de la même manière.

Pour le philosophe, recevoir et transmettre à la fois des ondes de charme et des ondes de choc est parfaitement normal ; il faut être simplement vigilant à ne pas être trop débordé par le choc. En résumé, pour Vincent Cespedes, parler de bonheur au travail est une tromperie. Il est préférable de parler d'amour du travail. La notion de bonheur au travail est donc à double tranchant.

Comme souvent, l'arbitre est la cohérence : un dirigeant, convaincu que créer les conditions du bonheur, ou du moins de bien-être dans l'entreprise, est important, prendra des mesures concrètes qui auront des effets bénéfiques, comme mieux partager les fruits de la croissance et du bénéfice avec des primes, l'actionnariat salarié, avoir des locaux agréables, favoriser l'évolution interne, etc.

Mieux vaut une entreprise qui affiche des valeurs uniquement centrées sur le travail et la performance, avec un management réputé difficile, qu'une entreprise qui fait du bonheur au travail un slogan dénué de tout fondement et peu suivi d'effets… De plus, et c'est le chemin que nous incite à suivre le philosophe Marc Halévy, aujourd'hui, plutôt que de réussir dans la vie, il est beaucoup plus important de réussir sa vie.

L'entreprise doit donc permettre à ses salariés de se réaliser dans leur travail, c'est-à-dire de mettre en cohérence, d'une part, leurs talents et leurs envies et d'autre part, les missions de l'entreprise ; le sentiment de bien-être, voire de bonheur, en découlera. N'est-ce pas ce que désirent par-dessus tout les jeunes qui rejoignent le monde du travail ? Ce sera l'objet du chapitre suivant.

3

Un nouveau rapport au travail

Un héritage qui pose question

De nombreux chercheurs se sont penchés sur le casse-tête que connaissent les dirigeants, en particulier les DRH des entreprises, depuis une vingtaine d'années, constatant ce qui apparaît comme un manque d'engagement des jeunes à l'égard de l'entreprise… L'écrivain Erik Orsenna nous racontait une anecdote éclairante, vécue lors d'un de ses voyages en Chine, voici déjà plus de vingt ans. Rencontrant des dirigeants chinois, ceux-ci lui disent : « C'est étonnant, à quel point, vous, les Français, vous n'aimez pas vos enfants ! » Étonné par cette remarque, l'académicien montre sa surprise ; les Chinois lui répondent alors : « Si vous les aimez, pourquoi êtes-vous en train de leur laisser une dette abyssale ? » La question de la dette est une des raisons de la profonde défiance des jeunes dans notre société et donc de l'entreprise.

Commencer à évoluer dans une société où l'on vous fait comprendre que l'État-providence (retraite, assurance maladie) est fortement compromis pour vous, car il est endetté de près de trois mille milliards d'euros (INSEE, décembre 2022) où l'on vous explique que votre avenir sur la planète en surchauffe est incertain, n'est évidemment pas fait pour favoriser votre confiance dans le « système » c'est-à-dire, dans la société et dans l'entreprise, de façon générale.

Le moins qu'on puisse dire, c'est que l'héritage laissé par les générations précédentes est largement entamé.

Le logiciel de la génération Z

Voici comment le sociologue Patrick Lemattre décrivait il y a un peu moins de dix ans la génération Z. Ce texte n'a pas pris une ride :

> La génération Z, si vraiment il en existe une, apparaît clairement comme la première génération totalement ancrée dans ce changement d'époque. Elle y voit plus d'opportunités que de blocages, quel que soit son niveau de formation. Ces « nouveaux » jeunes y développent une mentalité d'explorateurs, de découvreurs, de co-créateurs. Le logiciel culturel des jeunes Y (20 ans vers l'an 2000) était fondé sur le concept d'« entrepreneur de soi ». Celui des jeunes Z (20 ans en 2020) repose sur l'idée d'« invention de soi ». Ce monde, dont ils héritent, leur apparaît tel un vaste terrain de jeu. Ils possèdent pour cela parfaitement les codes de la nouvelle époque. Ce sont eux les authentiques « *digital natives* ». Les Y les avaient acquis au fur et à mesure de leur formation, eux les possèdent pratiquement à la naissance !
>
> Ils ne se sentent plus dans des logiques de confrontation et de rapport de force – celles du jeu d'échecs –, ils se situent davantage dans la logique du jeu de go : leur damier, c'est l'influence, leur démarche, c'est le contrôle d'un territoire toujours plus grand, en fédérant des alliés, en jouant les réseaux, en développant l'intelligence collective, avec un objectif : envelopper, fatiguer la bête, l'user, afin de faire prévaloir leur vérité. Leur approche de la vie est clairement subversive. Leur force, c'est leur capacité rhétorique, dialectique, argumentaire. Leur atout, c'est leur maîtrise de l'art de la contagion. Ils ne cherchent pas vraiment à combattre le monde des générations qui les précèdent, ni même à le réformer. Ils le leur laissent. Ils veulent en construire un nouveau, le leur, discrètement,

habilement, mais de plus en plus fermement. Un exemple: toutes ces start-up qui naissent, dans lesquelles ils mettent leur énergie, pour casser les rentes, les monopoles, les chasses gardées. Et ils n'ont pas encore investi le champ politique et son système protecteur de représentation exclusivement vertical...

Ce sont des démiurges, au sens de Platon, avec quelques interrogations, qui restent à lever, sur leur sens des limites, leur sens du lien, leur sens du but. Comme le disait Virgile en son temps, « ils peuvent, parce qu'ils pensent qu'ils peuvent ». Mais pour quelle finalité ? La question en suspens reste celle-ci : où va les conduire leur GPS identitaire ? Mais il est clair, en revanche, que l'on ne les motivera pas sur le travail. C'est d'abord et avant tout sur leur capacité créative qu'ils pourront s'exprimer et se mobiliser.

Bergson avait écrit : « En parvenant à l'homme, l'évolution cosmique a engendré une espèce tout à fait originale : celle des créateurs. » Nous y sommes... Changement de paradigme, avènement d'une société de co-création, transformation des repères. [...] Va-t-on, comme certains le prédisent, vers des conflits générationnels ? Il n'existe pas à ce jour d'éléments ou d'indices majeurs confortant cette hypothèse. Et, dans un certain nombre de pays européens particulièrement touchés ces dernières années par la crise, ce sont au contraire les solidarités générationnelles qui ont permis d'amortir les chocs et de tenir.

La transmission générationnelle demeure dans la famille, les entreprises et la Société globale, un « horizon indépassable ».

Voici, pour terminer, afin d'illustrer cette connivence générationnelle, un petit conte – pour adultes, que l'on pourrait intituler : « Ado "Z" et Maman "X", voire "Y". » C'est votre ado à la maison. Vous savez, celui qui se tient sur le canapé en position cent vingt-sept degrés, comme le font les cosmonautes au décollage de la fusée. Il est devenu selon les spécialistes un être multitâche, l'aboutissement de quatre milliards huit cents millions d'années d'évolution de notre globe terrestre, quinze milliards d'années environ après le Big Bang.

Officiellement, il révise, mais en regardant la télévision, trois chaînes en même temps. C'est un as de la zapette, passant d'une chaîne à l'autre, au gré des soubresauts et des moments creux du scénario. Son ordinateur – ou sa tablette – est aussi branché en continu. Il cherche, là aussi officiellement, de l'information, toujours pour ses cours, dix fenêtres ouvertes en même temps, passant de l'une à l'autre en moyenne vingt-cinq secondes sur chacune. Il y consulte en permanence ses mails, y répondant parfois dans l'instant – tout est tellement urgent dans sa vie numérique! – mais surtout il communie dans la religion Facebook avec un nombre toujours grandissant d'adeptes, plus ou moins choisis, ses «amis». Il parvient même à téléphoner, ce qui le dérange dans l'écoute, là aussi quasi permanente, de son MP3, car il n'a pour l'instant que deux oreilles, avant la prochaine mutation génétique annoncée d'ici quelques siècles qui lui permettra une multi-écoute. Si les technologies actuelles sont toujours présentes, ce qui est bien sûr peu probable. Enfin, quelques nourritures diététiques – cacahuètes, chips, frites ou Nutella – et autres liquides – sodas bien sucrés, bière parfois… – traînent à ses côtés, au cas où. Il va ainsi, dispersé, tronçonné, balloté, sans cesse interrompu, éclaté, éparpillé, azimuté… mais heureux: il est «connecté».

En partant, vous lui glissez: «Surtout n'oublie pas de prendre le pain en revenant ce soir, je t'ai laissé de la monnaie sur la commode dans l'entrée.» Il émerge de son hébétude, en marmonnant «OK». De toute façon, vous l'avez remarqué, il est toujours d'accord. Contester, ce serait perdre du temps, en risquant en plus une intrusion de votre part dans sa bulle. Vous pensez qu'il a intégré cette nouvelle information. Eh bien non, le soir il a oublié, cela ne s'est pas imprimé.

Les chercheurs continuent à analyser les causes de ce comportement. Alors que tous les parents connaissent déjà la réponse. Votre ado appartient à la «génération du trop». Trop de connexions, trop d'opportunités, trop de sollicitations, trop de liens, trop de possibles, trop d'informations. Le temps n'étant pas extensible, ce trop nuit à la concentration et à la mémoire. Votre ado ne sait plus hiérarchiser et, comme il navigue le plus souvent en fonction de ses intérêts à court terme, il oublie tout de suite. À moins qu'il n'aime fondamentalement le pain frais, bien sûr.

La morale de cette histoire ? Pour le pain, écrivez-lui un mail, postez-lui un message sur Facebook, envoyez un SMS sur son portable, voire déposez de votre voix la plus douce un autre message sur sa boîte vocale. Et si possible pas trop tôt dans la journée. Juste un peu avant l'heure où il va prendre le chemin pour rentrer au nid, et même, un jour très prochain – la technologie existe déjà – dix mètres avant l'entrée de la boulangerie. La baguette sera là à votre retour, largement entamée, car l'ado d'aujourd'hui est comme l'ado que vous étiez : il ne résiste pas au pain tout chaud et croustillant qui sort du four du boulanger. Et si vous adorez manger le croûton, pas de chance, il a entamé le pain par les deux bouts – « C'est ce que je préfère, Maman, tu le sais bien. »

Sincère, attachant, désarmant. Il a tout pour (vous) plaire, n'est-ce pas ? Puisque c'est le vôtre, et il est notre avenir. D'ailleurs, il est en train de le construire, de façon de plus en plus autonome, en mutant lui-même. Et il faut espérer qu'il vous plaise encore davantage en vieillissant. Car, avec cette génération, le service après-vente a tendance à perdurer !

Quant à vous parents, et surtout grands-parents, ne faites pas les fiers et les donneurs de leçons – un peu bien sûr, mais pas trop. Vous aussi vous oubliez parfois le pain, mais malheureusement pas pour les mêmes raisons.

Planète adolescence : décryptage d'un psy

Laissons la parole à un autre fin connaisseur des jeunes, plus particulièrement des adolescents, à qui il a consacré une grande partie de sa vie : le docteur Xavier Pommereau. Jusqu'en janvier 2019, il recevait des adolescents suicidaires ou dépressifs au centre Abadie du CHU de Bordeaux, qu'il dirigeait. Depuis juin 2019, il a créé et coordonne un hôpital de jour pour les jeunes souffrant de troubles des conduites alimentaires à la clinique Béthanie (Talence). Il nous livre ici son analyse, à travers quatre caractéristiques des adolescents :

l'âge de la consommation, l'âge du risque, le besoin de reconnaissance et l'âge de l'identité.

L'âge de la consommation – Je vais vous parler des adolescents d'aujourd'hui et de leur goût du risque. Je ne me focaliserai pas sur ceux qui vont mal car le mal-être des adolescents ne peut se voir que dans une problématique plus large : l'adolescence ! L'adolescence biologique se situe entre l'âge de 12/18 ans (âge de la croissance). *Adolescere* en latin veut dire croître, pousser, grandir : l'adolescent est celui qui est en train de grandir.

Aujourd'hui, l'adolescence est une nébuleuse : elle commence avant la puberté vers 9/12 ans. Les enfants se considèrent comme des « pré-ados » : portables, vêtements, séries TV, lisseurs à cheveux... et se pensent comme splendides ! Par ailleurs, l'adolescence peut se poursuivre jusqu'à 25 ans et plus ! Vieux adolescents ou jeunes professionnels ? Le manque d'autonomie d'aujourd'hui fait que les jeunes sont à charge des parents et vivent chez eux plus longtemps. L'adolescence, dont nous venons de voir que la plage en âge est très large, est aujourd'hui centrée sur la consommation. Si boire et manger constituent des besoins vitaux, ils sont aussi des gestes partagés avec nos semblables. Consommer et consumer sont liés étymologiquement : les adolescents absorbent, ingurgitent, avalent des aliments, mais aussi des infos, des images, des données sans en avoir nécessairement besoin ou envie et parfois sans limite ! Par ailleurs, ce qui est avalé, ingurgité peut être régurgité sans être digéré. Ce qui est vrai au sens propre se vérifie aussi au sens figuré, selon la loi de la métaphore qui est universelle. Autrement dit, il nous est demandé de comprendre nos enfants au sens propre et au sens figuré ! Traiter ces enfants de la consommation, non comme des consommateurs mais comme des acteurs, leur ferait incontestablement du bien !

L'âge du risque – Étymologiquement, le mot risque est une contraction de *resecare* (latin) qui a donné le mot réséquer. Réséquer, dans un premier sens (chirurgical), signifie enlever en coupant, retrancher, séparer par la lame du scalpel. Dans son second sens, il désigne le récif, l'écueil qui peut fendre la coque du bateau. Une vie sans risque est-elle possible ? Imaginez la Bretagne sans récif ! L'éducation à la vie ne consiste pas à débarrasser les écueils de la route de nos adolescents. Aujourd'hui, du fait de la réduction du nombre d'enfants, nous voulons, ce qui est normal, les protéger. Protéger c'est bien, surprotéger ne l'est pas. Souvent les parents surprotègent leurs adolescents sur des aspects véniels (ainsi de la surprotection avec la crème solaire en bord de mer) et laissent à l'abandon des aspects essentiels (absence de surveillance lors de la baignade !). La bonne attitude parentale est d'apprendre à ses enfants à gérer le risque, de façon mesurée et le plus tôt possible : l'adolescence se prépare dès l'enfance !

L'âge du besoin de reconnaissance – Ainsi les adolescents ont besoin de se séparer de leurs parents. Beaucoup d'entre eux se considèrent « bons parents » parce qu'ils passent toutes leurs vacances avec leurs adolescents, alors que ces derniers préfèrent être avec d'autres adolescents ou d'autres adultes. Leur slogan préféré est « lâchez-nous ! », « arrêtez d'être sur nous ! ». Un conseil : lâchez-les sans les abandonner, sans les laisser livrés à eux-mêmes. Nos adolescents ont besoin de notre reconnaissance et non de notre stress parental ! C'est d'ailleurs ce dernier qui les conduit à vouloir se séparer de nous. La plupart des adolescents s'écartent modérément : un petit pas de côté pour s'expérimenter, s'exposer avec le besoin secret de la reconnaissance parentale (les voir s'inquiéter pour eux). Quand du pas de côté, l'adolescent passe au grand écart, on assiste à une déchirure comportementale : alcool, cannabis, scarification, échec scolaire... toujours dans l'espoir secret de notre reconnaissance ! Les adolescents ont un besoin énorme d'être reconnus.

L'âge de l'identité – L'identité, c'est faire « un » avec soi-même : « un » avec son histoire, ses origines, sa vie personnelle, relationnelle... L'identité n'est donc pas à confondre avec le repli identitaire (sectaire). Je prends l'exemple des garçons et des filles attirés par le djihad. Concernant les garçons, certains recherchent la violence (manier des armes, tirer, combattre...). D'autres veulent venger leurs ancêtres car ils pensent que leurs parents ou grands-parents « se sont couchés » devant le colonialisme. Pour nos adolescents, il s'agit d'une attirance pour la violence exotique. Or ils avalent, sur ce sujet, beaucoup d'informations mais en digèrent peu ! Les différents terrorismes, les différences géographiques… apparaissent à leurs yeux comme « des trucs entre arabes » ! Le risque est ici l'inculture, l'incapacité à comprendre comment tourne notre monde. Je plaide pour que dès le collège, ces jeunes puissent recevoir des cours de critique numérique pour apprendre à discerner la vraie de la fausse information ! Concernant les filles attirées par le djihad, il s'agit de se refaire une identité. Cette recherche est souvent causée par une mauvaise entente familiale, un échec amoureux. Elles traduisent ainsi bien souvent une vision romantique, « se marier avec un combattant », qui se révèle très loin de la réalité ! Par manque de reconnaissance au sein de leur famille, elles cherchent ailleurs. Tous les adolescents ont besoin de s'extraire de notre stress, de la noirceur de notre monde.

Il existe au fond deux temps dans la semaine des adolescents : du lundi au jeudi, c'est la période de prise de tête avec l'ordre parental (dîner familial, de l'ordre de l'interrogatoire !) ; il s'agit pour l'adolescent de l'ingurgitation forcée. À partir du jeudi soir, commence une période de relâchement : alcool, cannabis, « *binge drinking* », c'est-à-dire alcoolisation effrénée. On assiste aujourd'hui à des pratiques extrêmes d'ingurgitation d'alcool ! Au CHU de Bordeaux, nous recevons des jeunes de moins de 16 ans en coma éthylique.

Voici quelques conseils pour conclure : ne pas penser à leur place ; les laisser expérimenter le monde ; les laisser rater et leur faire comprendre qu'ils ont les capacités à faire autre chose ; leur faire « mettre les mains à la pâte » au sens propre comme au sens figuré ; introduire le « différé » parce qu'ils sont habitués à « l'instantané » ; nommer le risque quand il y a danger.

Autrement dit, « apprendre, c'est vaincre les épreuves et non les faire disparaître ! » Pour le psychiatre, l'adolescent a donc besoin d'une certaine autonomie, mais pas d'être livré à lui-même et la mission des adultes est de leur laisser prendre des risques mesurés.

Un nouveau rapport au travail

Avertis par ces deux regards d'experts sur la jeunesse, ses espoirs, ses envies, ses fragilités, tournons-nous vers une spécialiste du rapport au travail et des relations intergénérationnelles. Emmanuelle Duez a fondé voilà dix ans le « Boson Project », un mouvement pour penser le travail de demain et transformer l'entreprise d'aujourd'hui.

Voici son analyse actuelle sur le nouveau rapport au travail, la motivation des jeunes, la difficulté des entreprises à recruter et à faire travailler ensemble les différentes générations, tirée d'un article publié dans *La Tribune* du 16 novembre 2022, sous le titre « La mutation du travail, cette onde de choc qui bouleverse l'entreprise » :

> « Des jeunes qui n'ont plus le goût de l'effort » au « pas d'inquiétude, les chiffres étaient pires pendant la crise de 2008 » en passant par « quand ce sera la cata économique peut-être reviendront-ils bosser » : tous les journaux, éditorialistes, DRH et patrons y vont de leurs interprétations, sous l'effet loupe d'une population-cadre démissionnaire en fanfare qui rejoint un mouvement cols bleus moins récents (secteurs hôtellerie, restauration ou encore soin sinistrés d'un point de vue RH).
>
> Prenons le temps d'observer le phénomène, ôtons nos lunettes générationnelles, patronales, salariées ou syndicales, en tout cas françaises, mettons de côté les railleries pour tenter un regard oblique et prospectif sur ce qui se trame à l'intérieur des entreprises.
>
> D'abord et avant toute chose, rappelons qu'une réaction brutale ou épidermique, parfois légitime et souvent observée,

est absolument contre-productive. Les patrons, entrepreneurs, managers de proximité, DRH sont dans un tourbillon de difficultés et d'imprévus depuis presque quatre ans, des gilets jaunes à la crise du pouvoir d'achat en passant par la pandémie, la remontée en puissance opérationnelle post-pandémie (souvent plus difficile encore que la gestion de la crise elle-même), la guerre en Ukraine, la guerre écologique, les pénuries de talents dans certains secteurs, etc. Comme tous les Français, ils sont des citoyens concernés et impactés par ces défis de court et très long terme. Dans l'entreprise, ils doivent délaisser leurs propres fragilités pour retenir des corps sociaux fragmentés, abîmés, lessivés.

Rien ne serait pire qu'une rupture du dialogue avec une jeunesse qui cherche à poser des mots parfois maladroits ou malheureux sur un mouvement qui la dépasse, qui la transporte. Et surtout il ne faut pas créer cette rupture, car derrière l'anecdotique ridicule ou le ras-le-bol légitime, il y a probablement une reconfiguration très profonde du rapport au travail, profonde et durable, qu'il s'agit de capturer.

Factuellement, la gestion de la pandémie a contribué à interroger, peut-être même à abîmer durablement cette fameuse « valeur travail » qui fleurit dans tous les éditos comme un vestige du monde d'hier. Il paraissait en effet illusoire de demander aux Français de tout arrêter, de rester cachés, de se protéger de tout et surtout de l'autre, de se confiner en continuant à percevoir son salaire sans conséquences aucunes, sans qu'à aucun moment cela n'interroge ou n'érode le lien entre travail, effort et salaire.

Depuis l'arrivée sur le marché du travail de la génération Millennials, née dans les années 1980, depuis le décryptage aiguisé des petites poucettes, première génération mondialisée de *digital natives*, nous observons une mutation lourde et lente du rapport au travail et plus généralement de la place du travail dans la vie. La progression linéaire et le rêve de carrière ne sont plus porteurs pour des trentenaires qui ont vu leurs parents scander dans les années 1968 « ne pas perdre sa vie à la gagner » avant de s'étioler dans une routine grise et des chimères statutaires trente ans après… Tel est pris qui croyait prendre : ils ne referont pas la même erreur. Distance saine, excellence managériale, équilibre des vies, obéissance conditionnée et désobéissance éclairée, quête de sens holistique, à l'échelle de l'existence et non pas de l'entreprise : cette génération a contribué à changer en profondeur les règles du jeu, allant même jusqu'à suggérer de troquer à la sacro-sainte subordination – colonne vertébrale du droit social français – l'interdépendance. Une bascule du rapport de force s'est opérée en entreprise, qui a commencé il y a plus de dix ans.

Le « *big quit* » actuel s'inscrit donc bien dans un continuum générationnel, il est une amplification d'un phénomène à l'œuvre depuis plusieurs années, même si le cocktail actuel est explosif, dopé par l'urgence climatique.

Nous consommons aujourd'hui 1,8 planète par an. À l'ère de l'anthropocène, la première cause de mortalité des moins de 25 ans dans plus de cent pays est désormais le suicide, l'horizon de leurs vies semblant définitivement opaque, pollué, irréparable, insoutenable. Sans cet élément fondamental de compréhension d'une modification substantielle et totale du rapport au monde, aux autres, au temps et à l'existence, il est impossible de percevoir avec justesse ce qui se joue sous nos yeux, l'entreprise étant une version en flacon de nos sociétés modernes. C'est ici aussi qu'on lâche le cynisme et les railleries.

Comment et pourquoi diantre tout donner à l'entreprise, son temps, son énergie et ses espoirs, comme ce fut le cas pour nombre de nos aînés, quand la sensation d'un effondrement imminent vous hante ?

Pourquoi tout bascule ?

Pour Emmanuelle Duez, trois digues, solidement consolidées, sont en train de céder :

La première, c'est la flexibilité. Pour garder les talents, notamment la « *creative class* », beaucoup d'entreprises ont consenti à autoriser le travail « comme vous voulez, où vous voulez ». L'extrême flexibilité, le *full remote*, très adapté à la culture anglo-saxonne dominée par un rapport transactionnel au travail, l'est moins à la nôtre. Alors, à l'épreuve du temps, à l'euphorie des premiers mois se sont substitués l'ennui et la torpeur, la solitude aussi parfois, puis le ras-le-bol et la démission. Devant ces cas particuliers qui deviennent des vagues collectives, l'entreprise réagit et revient sur la promesse de flexibilité béante, elle rappelle ses troupes au bureau et force le collectif au présentiel pour rallumer la flamme. Attendons de voir les effets de bord de ce contrecoup de braquet.

La seconde digue est salariale. Pour retenir les talents toujours, notamment les talents « stratégiques », l'entreprise est entrée dans une course à l'échalote pécuniaire : quoi qu'il en coûte, dans un contexte compétitif où certains salariés peuvent jouer avec le système ou se jouer du système, il a fallu s'aligner. Et prendre ainsi le risque de faire exploser le pacte social de l'entreprise sur l'autel des pactes et *deals* individuels. D'abîmer la méritocratie et les promesses faites « dans le monde d'avant ». De fracturer encore davantage les corps sociaux, entre les cols blancs et les cols bleus, les stratégiques et les autres, les jeunes et les vieux. En bref : prendre beaucoup de risques. Cet élastique salarial touche aujourd'hui ses limites, confronté notamment à l'inflation.

La troisième digue, enfin, est humaine. Les dirigeants, tout occupés à prendre des décisions dans l'incertitude et l'instabilité ambiantes, ont délégué aux RH le management de l'engagement. Les RH, tout occupés à gérer les risques collectifs, à se prémunir, à se conformer à la réglementation ventripotente, ont délégué aux managers le management de l'engagement. Et les managers, s'ils ont fait le job tant bien que mal depuis plus de deux ans, souvent sans formation dédiée, maniant carotte et bâton en mode hybride et intergénérationnel, finissent d'en avoir « ras le pompon ». « Les managers ne viennent plus au bureau, quand ils ne partent pas. » Quand la digue humaine de proximité lâche, c'est le *big quit* qui se répand comme une marée noire.

À ces trois explications « chaudes », pour contextualiser le phénomène français, il convient d'ajouter une spécificité bleu blanc rouge loin d'être anodine dans l'histoire. Le rapport au travail des Français est singulier, par opposition au modèle anglo-saxon précité: il est plus intense, plus concerné, plus émotionnel que transactionnel. Plus irrationnel aussi. Alors quand les digues sautent, la volte-face guette. Si le passage de l'amour à l'indifférence polie, du sur-engagement au désengagement puis au détravail, du «nous» au «je» est rapide et dévastateur, il est surtout très français, dans un pays champion de la productivité et du désenchantement radical, tout ça en même temps. Pour reprendre les mots d'Yves Clot, les Français «résistent à l'emprise du travail au nom du travail, en lui réclamant plus qu'il ne donne». Déçus par l'incapacité du travail à satisfaire leurs aspirations de réalisation et d'utilité, ils lui tournent le dos.

Quels sont les risques? Emmanuelle en identifie trois:

Le premier risque identifié est celui d'une fracturation encore exacerbée de la société française et par voie de conséquence des mini-sociétés que sont les entreprises. Des divergences profondes émergent entre ceux qui peuvent jouer à saute-mouton et ceux qui voudraient bien, mais ne peuvent pas ou n'osent pas; ceux qui comprennent le phénomène et ceux qui ne l'acceptent pas; ceux qui peuvent prendre du temps pour réfléchir et ceux qui ont trop faim pour penser; ceux bloqués au bureau ou à l'usine et les *digital nomads* qui paraissent libres comme des oiseaux; ceux qui utilisent le système et ceux qui ont le sentiment d'en être prisonniers. Ces lignes d'opposition transcendent les âges, les générations, les catégories socio-professionnelles et l'implantation géographique. Elles parcourent nos entrailles au fil des discussions et répandent insidieusement envie et amertume dans une société qui a besoin de tout sauf de cela. Elles concourent à la naissance, a minima dans le monde du travail, d'une société de castes où chaque cohorte verrait midi à sa porte, prendrait ce qui l'intéresse et laisserait le reste.

Le deuxième risque identifié, si le phénomène persiste et s'amplifie, est la mise en péril à terme de l'entreprise, donc par conséquent du modèle social français. Le monde économique est un colosse aux pieds d'argile, dont la stabilité a été ébranlée par une succession inédite de cas de force majeurs. Gilets jaunes, pandémie, difficulté de la remontée en puissance opérationnelle post-pandémie (à ne pas sous-estimer), inflation, guerre en Ukraine, guerre de l'énergie, le tout sur fond d'urgence écologique... La liste s'allonge chaque semaine qui passe, le rythme semble s'accélérer. À la longue, tout cela abîme les hommes, les systèmes de production, les motivations, les convictions, la foi entrepreneuriale, la performance. L'envie. De tout en haut à tout en bas. Et sans envie pas d'engagement, sans engagement pas de performance, sans performance pas de survie, sans survie plus de modèle français.

Le troisième risque est plus vaporeux, plus dangereux aussi : la dislocation du monde du travail en système de castes auto-centrées, condamnant *de facto* le pacte social collectif de l'entreprise, présage-t-il d'une tendance sociétale durable et globale ? Si oui, comment demain fédérer un ensemble de citoyens autour de causes qui dépasseraient voire interpelleraient les intérêts individuels ? En cas de conflit armé européen, prendrons-nous les armes ? Dans notre contexte de guerre mondiale environnementale, assumerons-nous notre responsabilité individuelle et collective de transformations de nos systèmes et de nos organisations, alors que le *winner doesn't take it all* ? Puisque la sobriété se fait nouvelle religion, saurons-nous renoncer, dans l'intimité de nos foyers, sans pointer du doigt le voisin imparfait pour nous dédouaner de notre propre inaction ? En une question comme en mille, en assumant un peu de caricature : sera-t-il possible de faire encore société, ensemble, avec des individus qui ne veulent plus faire que ce qu'ils veulent, plus penser que ce en quoi ils croient déjà, pas renoncer à du bien-être individuel de court terme pour permettre des futurs collectifs soutenables ? Peut-être se niche-t-elle précisément ici, cette fameuse fracture intergénérationnelle...

Les raisons d'espérer

Pour Emmanuelle Duez, toute crise est également une opportunité. Elle voit donc plusieurs raisons d'espérer :

> Le « bon management » d'abord, qui demeure le premier levier de rétention. Si l'on atterrit pour tout un tas de raisons dans une entreprise, on la quitte en premier lieu à cause de ses faiblesses managériales. Aux quatre ingrédients-clés d'un management de qualité – le sens, la transparence (de la vision, des règles du jeu, de l'information), la reconnaissance (matérielle et immatérielle) et la confiance (a priori, dans un monde d'obsolescence rapide des compétences) – se sont ajoutées ces dernières années de nouvelles responsabilités, fondamentales : la pédagogie, nécessaire pour donner du sens à l'action dans un monde complexe et la subsidiarité, nouvelle pratique du pouvoir et de la responsabilité, qui consiste à permettre plutôt qu'à transmettre ou déléguer. Tout cela, très connu des organisations, devient un passage obligé, une évidence, alors que jusqu'à présent, ces bonnes pratiques restaient de jolis mantras de bouquins obscurs de management.
>
> « Le beau travail », aussi, reprend sa place. Plus que des discours grandiloquents sur comment l'entreprise change le monde, il est attendu désormais de baisser un peu de ton sans baisser d'ambitions. D'être sobre et humble dans les discours pour d'abord et avant tout aligner les preuves ; et de ne surtout pas oublier la base : permettre la réalisation d'un travail de qualité, chacun à son niveau, dans des bonnes conditions, pour que « l'ouvrage fasse sens », que l'on nettoie des bureaux la nuit ou que l'on soit actuaire. Sans cela, nulle peine de s'aventurer sur le reste.
>
> Bon management, beau travail – quel qu'il soit –, mais aussi « juste distance » : voici un troisième effet de houle positif du gros temps RH actuel. Le contexte et l'époque anxiogènes remettent à sa juste place le travail, qui ne peut pas tout, qui n'est plus depuis la génération millennials déjà l'étoile polaire et statutaire d'une vie, qui ne peut plus être le réceptacle unique de toutes les attentes, toutes les réalisations.

> Cette juste distance qui s'instaure, fustigée parfois en interne, est source pourtant d'un engagement de meilleure qualité. Avoir la tête froide dans un monde chaud bouillant; concevoir sa réussite personnelle de manière plus globale, via un spectre qui traverse le familial, le social, le professionnel, l'associatif; savoir ne pas mettre tous ses œufs dans le même panier au risque de tomber dans le *burn-out* ou le *brown-out*; (re)mettre en perspective et ajuster ses attentes au pouvoir réel de l'entreprise, personne morale: autant de symptômes positifs d'une relation plus mature au travail, pour autant que l'on ose chausser des lunettes roses.
>
> Enfin, et c'est probablement le plus enthousiasmant, l'époque d'incertitude et d'empilement des fractures nous rappelle aux essentiels, à l'essentiel, affiché sur le fronton de la République française: la fraternité, cette solidarité spécifique à ceux qui croient aux mêmes valeurs et s'engagent dans un même combat, cette solidarité en action et en preuves, ce concept initialement révolutionnaire, demeure le socle ultime de l'engagement et revient en force dans l'entreprise. Le goût des autres conditionne le goût de tout, de l'effort, de l'ouvrage, du dépassement, de l'engagement. Sans un collectif de qualité, sans une interdépendance entre les personnes, sans conscience de cette chaîne humaine qui fait le lit de l'engagement et donc de la performance: rien ne tient, et rien n'a de sens.

Pour conclure, Emmanuelle Duez nous laisse nous interroger: s'agit-il d'un cycle, une sorte de crise à la Mai 68, une forme de libération intellectuelle menant à un rééquilibrage des forces? Ou bien, assistons-nous à un bouleversement plus durable de notre façon de travailler, de notre engagement envers l'entreprise, une autre façon de vivre dans le monde, rebattant les cartes des fondamentaux d'hier et d'aujourd'hui? Pour Emmanuelle, quoi qu'il en soit, l'époque est passionnante!

Patrick Lemattre et Xavier Pommereau nous ont aidés à décrypter le logiciel «jeunes». Emmanuelle Duez nous a livré quelques clés de compréhension récentes sur le rapport au travail et la relation des jeunes au travail, jeunes qui obligent l'entreprise à se remettre en question et à s'adapter. Comment analyser les grandes mutations que nous vivons ? Comment interpréter les bouleversements qui arrivent avec l'intelligence artificielle ? L'entreprise peut-elle se réconcilier avec ses salariés, son environnement ? Voici autant de questions auxquelles nous allons réfléchir maintenant.

DEUXIÈME PARTIE

D'UN MONDE À L'AUTRE : LES MUTATIONS NÉCESSAIRES

1

Les grandes mutations

Le monde connaît une profonde mutation, qui est cyclique.

De l'âge industriel à l'âge entrepreneurial

26 août 2016. Un économiste réputé conclut son intervention lors de notre université par quelques bonnes nouvelles sur la situation de notre pays, qui ne parviennent pas à nous faire oublier le tableau plutôt inquiétant – à juste titre – qu'il vient de nous brosser de la situation actuelle : déficits records, chômage élevé, balance commerciale déficitaire, etc. Il faut dire que l'économiste, Nicolas Baverez, s'appuie sur son dernier ouvrage au titre évocateur : *Danser sur un volcan.*

Je m'approche du conférencier suivant, pour lui faire signe de s'avancer. Il me dit tout de suite : « Ce qui a été dit, c'était le monde d'avant, nous sommes dans un nouveau monde, où les règles du monde d'hier ne peuvent en aucun cas s'appliquer ! »

Pendant une heure, le jeune entrepreneur Oussama Ammar va s'appliquer à décrire ce nouveau monde naissant, qui fait fi des curriculums vitae pour le recrutement, du temps long nécessaire à construire une maison : « Aujourd'hui, vous pouvez vous faire construire une maison en quelques jours, grâce à l'imprimante 3D » ou produire des tomates bio, localement, grâce à des conteneurs. Il faut bien comprendre que l'Internet amène des changements énormes. Pour Oussama Ammar, le plus grand changement est constitué par le passage de l'âge industriel à l'âge entrepreneurial :

> Le paradigme de l'âge industriel se présentait ainsi au départ : j'ai une idée, je lève des fonds, je produis. L'investisseur et le distributeur maîtrisent la chaîne de valeur : ils sont la porte obligée par laquelle tout doit passer. Les idées doivent passer par le capital. Les fabrications doivent passer par la distribution.

Ainsi, les grandes fortunes de l'âge industriel sont toutes détenues par ceux qui maîtrisent soit le capital, soit la distribution, comme les Rothschild, Arnaud ou Mulliez. L'âge entrepreneurial casse ces deux paradigmes. Le coût de création d'une entreprise n'a jamais été aussi bas : dans « The Family », l'incubateur qu'Oussama Ammar a co-créé à Paris, l'investissement moyen est de moins de vingt-cinq mille euros ; le coût de création d'une entreprise sur les vingt dernières années s'écroule. À l'ère d'Internet, il est possible de vendre avant de fabriquer. Sur Internet, vous pouvez prétendre que quelque chose existe simplement pour voir si les gens achètent et si les gens achètent, alors fabriquer, mais fabriquer non pas à partir d'hypothèses, mais à partir de données réelles.

Cette nouvelle époque est l'âge entrepreneurial. Il apparaît aussi intense que l'âge industriel qui consistait à s'approprier tout ce qui était artisanal et à le produire en série. Avec une difficulté cependant : dans l'âge industriel, plus vous produisez, plus vous réduisez la qualité. Dans l'âge industriel, le seul moyen d'augmenter la marge est d'augmenter la production, au détriment de la qualité. Dans l'âge entrepreneurial, l'augmentation de la quantité passe par l'augmentation de la qualité ; c'est la scalabilité, le rendement croissant d'échelle. Si vous allez sur Google en tant que premier utilisateur, alors, la qualité sera inférieure au milliardième utilisateur. L'ADN du numérique est l'accroissement de la qualité.

Pour Oussama Ammar, ce nouveau paradigme entraîne des changements profonds dans notre société : le coût des biens et des services baisse, la déflation est devenue une possibilité, une réalité. « Aujourd'hui on peut vivre de façon très convenable avec peu de pouvoir monétaire : c'est une révolution profonde. La société ne contrôle plus les gens par l'argent, car ce qui compte pour eux, c'est leur raison d'être : nous sommes tous maintenant en quête d'une raison d'exister. Ce monde est formidable dans le sens ou à peu près tout ce qu'on a connu comme repère, valeur, légitimité est en train de passer par la fenêtre. »

Une mutation tous les cinq cent cinquante ans !

Un philosophe, Marc Halévy, également physicien de la complexité – il a étudié pendant dix ans aux États-Unis les systèmes et processus complexes avec le prix Nobel de chimie Ilya Prigogine –, explique particulièrement bien le phénomène de bouleversement que nous connaissons depuis une vingtaine d'années. Marc et son équipe de chercheurs ont travaillé avec les historiens pour reconnaître quatre grands changements de paradigmes dans l'histoire européenne : l'invasion des cités grecques par les Romains vers 150 av. J.-C. ; la chute de l'Empire romain vers 380 apr. J.-C. ; la fin de l'Empire carolingien vers 920 apr. J.-C. ; la fin de la féodalité avec la Renaissance vers 1450.

Ces grands bouleversements arrivent tous les cinq cent cinquante ans environ : le prochain est donc… la période où nous vivons !

Cinq ruptures pour notre temps

Cette évolution est-elle le fait du hasard ou la manifestation extérieure de logiques cachées et de ruptures qu'il nous appartient de décrypter ? Voici l'analyse de Marc Halévy :

> **Rupture écologique** – Rappelons-nous que l'économie est la rencontre entre une offre et une demande, et que l'évolution de l'offre est en corrélation avec celle de la production, donc des ressources utilisables par l'homme. Or, tandis que les besoins augmentent proportionnellement à l'accroissement de la population mondiale, les ressources s'amenuisent d'autant plus que, pour les extraire et les transformer, d'autres ressources sont consommées et que l'humanité recourt à des ressources de plus en plus difficilement accessibles. Certes, les ressources renouvelables pourraient offrir une solution alternative à l'épuisement prochain de celles non renouvelables, mais elles ne permettraient qu'à deux milliards d'êtres humains de vivre décemment. Nous sommes donc en train de passer de l'abondance, c'est-à-dire d'une situation où l'offre est supérieure à la demande, à la pénurie, c'est-à-dire à la situation où, inversement, la demande est supérieure à l'offre. La situation actuelle est donc placée sous le signe d'une rupture écologique, laquelle concerne en premier lieu l'eau douce, mais aussi les surfaces arables, les énergies fossiles, les métaux et les terres rares.
>
> **Rupture organisationnelle** – Notre monde est soumis à une complexité croissante, autrement dit à l'augmentation du nombre d'intervenants par action, ainsi que du nombre d'interactions entre ces intervenants. En corollaire, les managers disposent de beaucoup moins de temps qu'au siècle dernier pour s'informer auprès de spécialistes et prendre des décisions. Il en résulte que nos fonctionnements reposent de moins en moins sur la raison, qui apparaît comme étant coûteuse, mais de plus en plus sur l'intuition, la réactivité et la rapidité. Or nos organisations, fondées sur le modèle de la pyramide hiérarchique, ne sont pas adaptées à cette nouvelle effervescence complexe, ni à cette multiplication des interactions. Nous

sommes en train de passer du modèle conceptuel pyramidal à celui du réseau (un réseau étant un ensemble de petites entités autonomes, en interaction permanente et fédérée par un projet fort commun), mais il semble que l'appareil politique n'ait pas encore pris la mesure de cette évolution.

Rupture économique – Notre ancien modèle économique industriel impliquait une économie de masse et, par conséquent, de générer un volume de ventes suffisamment important en baissant toujours plus les prix. Apparue dès le mitan du XIXe siècle, cette exigence de baisse des prix de revient impliquait de standardiser les productions et de tayloriser le travail en standardisant strictement les processus. Cependant, les clients veulent aujourd'hui des produits personnalisés et de bonne qualité avec pour conséquence que les entreprises demandent à leurs collaborateurs de se montrer créatifs, adaptatifs et réactifs, ainsi que de prendre des initiatives et des responsabilités. Par ailleurs, pour diminuer les prix de revient, il convenait jusqu'à présent de réaliser des économies d'échelle, donc de produire massivement. Cela n'était possible qu'à condition d'investir, c'est-à-dire d'accéder aux capitaux et d'être en capacité de les rémunérer. Ensuite, ce ne furent plus la masse et le prix qui constituèrent les clés de la réussite économique et de la diminution des prix de revient, mais la baisse de la qualité qui, aujourd'hui, est rejetée par les clients. Il est donc temps de revoir à la hausse la valeur d'usage des produits et services et, par conséquent, de recourir davantage à l'intelligence qu'à la machine, et de remettre l'être humain et ses talents au cœur de l'économie. Autrement dit, la valeur des produits et services dépend de moins en moins des investissements matériels, mais de plus en plus des investissements immatériels tels que le savoir-faire et l'intelligence.

Rupture de sens – Jusqu'à nos jours, donner du sens à sa vie supposait de faire des études et de travailler, d'échapper à la pauvreté, de gagner suffisamment d'argent et d'obtenir une reconnaissance sociale. Mais ce paradigme a changé et, aujourd'hui, il s'agit moins de réussir « dans la vie » que de réussir « sa vie ». La logique n'est plus celle du progrès de l'humanité mais, plus modestement et réalistement, celle des relations harmonieuses avec soi et avec son entourage. Force est de constater que le XXe siècle a été marqué par plus de deux cents millions de morts pour des raisons idéologiques. Nous sommes donc parvenus au bout d'une logique et cet orgueil, hérité du grand espoir de progrès que les humanistes de la Renaissance ont essaimé, n'a plus lieu d'être.

Rupture informationnelle – Depuis 1983, c'est-à-dire depuis la grande distribution de l'ordinateur personnel et la multiplication des interfaces électroniques et numériques, nos façons de vivre ont radicalement changé. Les ordres de grandeur dépassent l'entendement humain puisque, par exemple, quatre-vingts milliards de courriels sont échangés toutes les vingt-quatre heures et, de surcroît, à une vitesse pouvant excéder les cent mille kilomètres par seconde. Et, puisque la lecture d'un texte ne sollicite pas les mêmes zones du cerveau selon qu'il est imprimé ou numérisé, la cartographie mentale du monde des jeunes générations en est fortement modifiée. Nos enfants ou petits-enfants ne peuvent d'ailleurs pas concevoir que nous ayons pu travailler sans informatique. Mais tout n'est pas sans risque : d'une part, le numérique facilite l'accès aux savoirs, mais supprime l'effort vers la connaissance ; d'autre part, le numérique oriente les esprits faibles vers des mondes virtuels imaginaires et les détourne du monde réel. En revanche, la robotisation et l'algorithmisation éliminent du champ humain beaucoup de tâches répétitives, dangereuses, éreintantes, fastidieuses et inintelligentes.

Une métamorphose profonde – Ces cinq ruptures sont extrêmement importantes et portent sur les fondements socio-économiques des derniers siècles. Nous n'assistons pas à de simples turbulences d'un système qui serait censé retrouver son point d'équilibre dans quelque temps, mais à une véritable mutation paradigmatique. Selon les historiens, celle-ci est équivalente aux bouleversements majeurs qui, tous les cinq cent cinquante ans en moyenne, ont transformé les grands foyers civilisationnels de l'humanité. Nous voici parvenus au déclin d'un cycle et à l'émergence d'un autre, donc au choc entre deux logiques antagonistes qui se traduit par une pluralité de crises simultanées.

> **Les réponses aux ruptures** – Nous ignorons ce que sera le monde de demain, mais nous connaissons les ingrédients indispensables à son émergence. Il convient en effet que les êtres humains répondent avec bon sens aux cinq ruptures évoquées.

Nous allons étudier les cinq défis proposés par Marc Halévy à la faveur de plusieurs témoignages de personnalités expertes dans ces différents domaines.

Premier défi : une consommation frugale

À la pénurie, il faudra opposer la frugalité ou la manière de consommer moins mais mieux, travailler moins mais mieux, communiquer moins mais mieux, investir moins mais mieux, etc.

Premier exemple : le témoignage de Pierre Rabhi. Paysan-philosophe et essayiste français d'origine algérienne, Pierre Rabhi est surtout connu pour avoir été l'un des pionniers de l'agro-écologie. Franco-algérien, islamo-chrétien, traditionnel-moderniste, sudiste-nordiste et paysan philosophe, il est un exemple de diversité, ce qui le rend particulièrement ouvert aux autres, aux différences d'opinions, qu'il faut savoir écouter. Justement, écoutons-le :

> Je pars à Paris sans bagage ni grande formation et deviens ouvrier spécialisé, c'est-à-dire spécialisé en rien, puisqu'il n'y a personne en-dessous de moi dans la pyramide de l'entreprise ! Je me demande alors quel est le sens de ce système et de ma vie ? Je réalise qu'on passe constamment d'une incarcération à une autre : d'un lycée pour intégrer une boîte, on va en boîte dans sa caisse… avant de finir entre quatre planches ! Bref, une idéologie a standardisé des valeurs, se servant de la notion de progrès pour se légitimer. Le triomphe de cette idéologie fait oublier que ce modèle passe par le drainage de la planète

et des peuples colonisés. L'économie est une prédation qui est basée sur l'idée de la croissance indéfinie. Appelons ça le « pétrolitique » qui crée des famines et une féodalité qui va à l'encontre du partage et prive certains de l'accès aux ressources élémentaires… Ce qui produit corruption et conflits. Est-ce que je participe de cela ? Non, je ne veux pas troquer ma vie contre un salaire.

Mon statut humain est libre et fait pour jouir de la nature. Je retourne donc à la terre en 1950 avec celle qui sera mon épouse. Cette décision est prise pour folie à Paris comme en Ardèche où nous nous installons. Persévérance et courage aidant, je passe un brevet d'agriculture, travaille comme ouvrier agricole pour acheter une petite ferme, belle mais au sol ingrat. Nous substituons à la logique « produire et détruire », celle de « produire et régénérer ».

Dans l'agriculture traditionnelle, en Afrique notamment, le temps passé autrefois à produire pour se nourrir est désormais passé à produire pour exporter à perte. Famines, exode rural et abandon des terres en sont les conséquences logiques. Au Burkina Faso, avec le projet Gorom Gorom, nous avons réorienté vers l'agro-écologie un projet hôtelier touristique luxueux et insultant pour les populations locales pauvres : des formations pour les paysans payés par le tourisme. À la suite de quoi, le gouvernement me contacte pour faire de l'agro-écologie une option nationale.

C'est ensuite la création de l'association Colibris qui incite chacun à faire sa part. Sans utopie, jamais l'humanité n'aurait évolué. Les utopistes sont considérés comme dénués de bon sens… Mais c'est faire face à une norme trompeuse. On est finalement dans un même destin. L'éducation des enfants passe par la compétition et génère de l'angoisse vis-à-vis de l'échec… Comment alors les convaincre de puiser en soi, de poursuivre le chemin qui nous semble intimement le bon ?

Le « toujours plus indéfini » place l'homme dans une situation impossible. La sobriété heureuse est la solution, et l'agro-écologie permettrait de résoudre la famine dans le monde. La croissance, c'est le problème, car elle produit une horde de pousseurs de caddies : un retour vers l'âge des cueilleurs ! La misère extérieure des populations occidentales est soignée par une culture du faire semblant d'être heureux, le football, la consommation, etc. Je suis lucide sur mes contradictions de consommateur, mais je recherche l'opportunité d'un nouvel imaginaire pour mettre en harmonie l'être humain et la nature ; car je suis une expression de la nature. Les actions réelles, concrètes, individuelles sont indispensables, à l'image de la légende du Colibris qui tente d'éteindre un incendie en faisant simplement sa part...

L'exemple vertueux de la permaculture

Un peu plus de cinquante ans plus tard, en 2004, un autre couple, Charles et Perrine Hervé-Gruyer, l'un marin, l'autre juriste, décident eux aussi de revenir à la terre, plus précisément en Normandie, à la ferme du Bec Hellouin. À l'origine, leur volonté était d'y vivre simplement en auto-suffisance pour nourrir sainement leur famille. Leur projet a évolué et en 2011, 4 000 m^2 de terres cultivées permettent de produire entre quatre-vingts et cent vingt paniers de fruits et légumes par semaine.

Grâce aux principes de permaculture, toute la production y est faite de façon manuelle en respectant l'environnement. Charles et Perrine montrent que l'on peut planter vingt-quatre rangs de petits légumes de plusieurs sortes sur quatre-vingts centimètres de large et obtenir, sans tracteur, des rendements inespérés. La permaculture, qui associe plusieurs espèces, va exactement à l'encontre de la pratique dominante, la monoculture qui appauvrit les sols, nécessite des engrais qui les minéralisent de façon excessive, des insecticides et des herbicides. Au contraire, la permaculture vise à régénérer du vivant et enrichir naturellement la terre qui n'est jamais laissée à nu, ajouter des arbres, qui climatisent et font remonter des minéraux et des oligo-éléments, associer des espèces, utiliser les microclimats, employer des animaux pour la traction et la fertilisation.

Charles et Perrine Hervé Gruyer ont ainsi mis fin au mythe selon lequel seule l'agriculture intensive était capable de nourrir la planète. Leur expérimentation réussie mêlant cultures maraîchères, plantation d'arbres, élevage d'animaux, les uns en interactions bénéfiques avec les autres, dans le respect du rythme de la nature, contribue à changer les mentalités. Aujourd'hui, la ferme du Bec Hellouin est devenue une véritable référence en matière de permaculture ; de nombreuses formations y sont organisées et des programmes de recherche y sont menés par l'INRA.

Témoignage de la navigatrice Maud Fontenoy

La navigatrice Maud Fontenoy donne un autre exemple de la nécessité de prendre soin de la planète. Familière des océans – elle a commencé à naviguer très jeune –, Maud a réalisé plusieurs exploits, comme la traversée de l'Atlantique et du Pacifique à la rame ou le tour du monde à la voile et à contre-courant. La navigatrice prône la réconciliation entre écologie et économie :

> Aujourd'hui, je m'implique encore avec la même énergie que celle que je puisais en moi, chaque jour, lors de mes traversées. La fondation que j'ai créée œuvre pour l'éducation à l'environnement, en particulier auprès de la jeunesse. Je suis attachée à l'idée d'une écologie raisonnable et raisonnée. Nous devons nourrir des ambitions réalistes, sans confondre idéal et idéalisme, mais en valorisant le lien entre l'homme et son environnement. Chacun doit savoir que la survie de l'espèce humaine est conditionnée à la préservation de l'environnement.
>
> Veillons à ce que nos positions soient équilibrées, connectées avec les préoccupations du grand public qui ne suit pas

cette figure caricaturale de « l'écolo » adepte de décroissance, farouchement opposé aux « méchants » industriels et aux pilleurs. J'estime par exemple qu'un pêcheur peut ne pas se rendre coupable de pillage et qu'un armateur peut ne pas causer de marée noire. Il faut en tout cas que l'homme trouve sa place au sein de la nature et que la nature puisse continuer de nous fournir ses services aussi gracieusement qu'elle le fait aujourd'hui.

J'œuvre pour que l'océan, qui représente les trois quarts du globe terrestre et qui fournit les trois quarts de l'oxygène que nous respirons, soit placé au cœur des débats. Savez-vous que vingt-deux mille médicaments proviennent du milieu maritime ? Avez-vous conscience que les mers et océans représentent un potentiel énergétique faramineux ? Nous en connaissons encore trop peu les richesses.

Dans cet état d'esprit, j'aimerais que l'écologie et l'économie soient réconciliées. D'une façon générale, je préconise un positionnement vrai sur les ressources naturelles à notre disposition, à partir d'informations complètes, sans céder aux exagérations médiatiques, mais en gardant le cap sur la diminution de nos émissions de gaz à effet de serre et en minimisant les effets du changement climatique. Ainsi, la recherche sur des énergies comme le nucléaire, ne doit pas être rejetée, sauf à renoncer à rouler en voiture, à prendre l'avion ou à nourrir les neuf milliards de terriens que nous serons prochainement.

Ces trois experts dans leur domaine nous montrent l'urgence d'agir, de changer nos comportements, mais surtout qu'il est possible de prospérer en prenant soin des populations les plus démunies, des océans, de nos terres. Cette préoccupation pour la planète, assez récente à l'échelle de l'ère industrielle, est enfin prise en compte par les entreprises, nous y reviendrons plus tard.

Deuxième défi : d'une société pyramidale à une société en réseaux

Le jazz : une leçon de management, par Patrick Lemattre

L'évolution du modèle pyramidal, hiérarchisé et procéduralisé, vers une société réticulée suppose que nous créions des communautés de vie et des entreprises organiques, permettant des interactions multiples et variées, souples et mouvantes, entre les acteurs.

La scène se passe dans les années 1970, dans un club de jazz réputé de la Nouvelle-Orléans. Un orchestre joue un morceau classique du grand Duke Ellington. Le thème est bon, le public bien présent, mais les musiciens, qui terminent probablement leur prestation de la soirée, manquent d'âme : le pianiste semble ailleurs, le batteur suit machinalement, le contrebassiste se retient de bailler…

Dans la salle, le public se laisse gagner par l'ennui… Le morceau à peine fini, une petite bonne femme de 80 ans se lève brusquement, se dirige vers l'orchestre, pousse le pianiste, prend sa place, fait un signe aux autres musiciens, entame quelques notes endiablées : d'un coup, l'orchestre se réveille, répond immédiatement à cette pianiste inspirée et la magie s'opère ; toute la salle bat des mains au rythme de la musique !

Un homme apprécie spécialement la scène : Patrick Lemattre, jazzman, sociologue, ayant longtemps enseigné le management à HEC. Pour lui, le jazz est une belle métaphore d'une organisation engagée, entre l'organisation horlogère, régie par des règles, des normes, des procédures et l'organisation tribale, fondée sur la relation, l'affectif, le partage de valeurs et la recherche d'une identité collective. Le jazz est en effet représentatif de nombreuses problématiques actuelles : c'est une musique en mutation permanente, un univers de création et non de pure répétition. C'est l'expression même de la biodiversité : né d'une confrontation entre les rythmes africains et la musique occidentale, il a toujours évolué en captant les courants musicaux multiculturels. C'est un art qui reflète quelques tendances lourdes de nos sociétés : le passage du simple au complexe, le glissement du collectif vers l'individuel, le difficile équilibre entre la créativité fondée sur la liberté et le lien social avec ses règles. C'est une musique de l'instant, de l'éphémère, qui produit une relation originale entre un « fournisseur », le jazzman, dont l'objectif est de donner du plaisir, et le « client », le spectateur, qui est en même temps acteur. C'est un univers d'émotion, où le ressenti prime avant tout, où les notions de disponibilité, d'harmonie, de sensualité, de rythme sont essentielles.

Modèle dominant de l'après-guerre, l'organisation pyramidale n'est plus adaptée à la société actuelle (sauf pour certains cas spécifiques, comme les situations de crise). En effet, avec Internet et la mondialisation, le dirigeant du XXIe siècle est confronté à une multitude d'informations qu'il est dans l'incapacité de traiter tout seul : il doit faire confiance à ses collaborateurs. Cavalier émérite, le général Vincent Desportes a une métaphore très juste sur le management : la relation étroite qui se lie entre un cavalier et son cheval. Voici comment il décrit dans son ouvrage *Devenez leader* cette relation au cours d'un concours hippique avec Dorothée, une jument alezane, fougueuse et pleine d'allant :

> Entrant dans le manège, nous découvrons à hauteur de regard de cheval une forêt de barres de couleurs vives qu'il faut franchir. [...] Je pousse plus avant et la mets au galop, dans le bon rythme, afin qu'elle soit au mieux pour passer le premier obstacle. La cloche. J'élargis mon cercle afin de nous présenter devant le premier « droit » que je lui indique par la tension des rênes. Elle sait désormais ce qu'elle a à faire mais, beaucoup plus forte que moi, elle peut encore échapper

à tout instant en contournant ou en s'arrêtant brutalement, ce qui mettrait immédiatement fin à notre aventure commune. Quelques foulées avant l'obstacle, je la lâche. Presque assis, bien en arrière pour alléger son avant-main et ne pas gêner sa battue d'appel, je pose presque mes mains sur le pommeau de la selle : à elle de jouer !

J'ai fini pour trois secondes ma fonction de leader : tout repose sur elle, elle est libre [...] de passer l'obstacle ou de me jeter à terre. Je n'y peux plus rien ; mon rôle de cavalier a consisté à créer les meilleures conditions de forme physique, d'entraînement, de confiance. Je lui ai indiqué l'obstacle puis lui ai laissé la liberté de s'adapter car c'est elle – et elle seule – qui, à l'approche, peut finement régler son rythme et ses foulées pour remplir la mission qu'elle a acceptée. Je commande, mais je n'essaie pas de contrôler : ce serait illusoire. J'attends, en confiance, le plaisir si fort de l'envol.

L'exemple de l'équipe de France de handball avec Claude Onesta

Claude Onesta donne un autre exemple particulièrement pertinent d'une organisation participative, qui s'appuie sur la confiance de ses collaborateurs. Il arrive aux commandes de l'équipe de France de handball, alors que celle-ci est déjà deux fois championne du monde et il a conscience, que s'il continue sur le mode plutôt directif de son prédécesseur, il ne pourra pas rééditer l'exploit bien longtemps : il doit trouver une autre méthode, ce sera le management participatif.

À la veille des jeux Olympiques, il réunit son équipe et propose à chacun de s'exprimer sur les stratégies de jeu : un premier joueur s'exprime, puis un autre. Écoutons Claude Onesta :

Ce qui vous intéresse surtout, c'est la façon dont est pris en compte celui qui parle – c'est un leader – par d'autres – les suiveurs ou followers – qui lui sont associés. Là, il y a un chef avec ses soldats fidèles. Puis un autre prend la parole et montre comment il se positionne par rapport au précédent. Sans rien faire, vous avez identifié le fonctionnement de votre équipe.

Leaders, suiveurs et « gentils » – Très souvent, on pense que les leaders sont des bons et les suiveurs des médiocres. Mais j'ai très vite compris que c'est l'association des deux qui crée l'efficacité : les deux sont aussi importants, chacun doit jouer son rôle à la perfection et chercher sa part de performance. Il y a une troisième population que j'appelle les « gentils ». Le gentil crée le lien, il est capable de réunir les gens, il n'aime pas le conflit et peut éviter l'affrontement. Il a de l'empathie, est capable de s'intéresser aux autres.

Dans le monde de l'entreprise, on a tendance à s'en méfier pour son manque de personnalité. Dans l'entreprise, mettez-le au contraire en évidence : vous allez donner du sens à la notion de bienveillance, d'équipe et de projet collectif. Dans l'entreprise, on a pensé que la seule façon d'accéder à la performance c'était de mettre les gens en concurrence pour qu'ils travaillent plus. Mais les meilleurs vont le rester et les autres vont essayer de se faufiler pour ne pas se faire attraper !

En équipe, on pourrait ainsi donner une prime aux joueurs qui ont marqué un but. Mais alors pourquoi faire une passe à un joueur bien placé qui empochera seul la prime s'il marque, plutôt que de tenter ma chance même si je ne suis pas très bien placé, car si je marque, la prime sera pour moi seul ?

Il y a des moments où vous reprenez la main pour rappeler aux collaborateurs qu'ils doivent tenir les engagements qu'ils ont pris. Vous reprenez l'autorité parce que c'est nécessaire. Dès que les gens ont repris le chemin de l'efficacité, vous allez à nouveau libérer l'espace.

Le rôle du manager – Un manager n'est pas uniquement quelqu'un qui contrôle (sinon ce n'est pas un manager mais un contremaître). Un manager réfléchit uniquement sur la manière d'associer les gens pour que l'addition des performances individuelles donne un résultat supérieur, car obtenu grâce à un esprit d'équipe. Le vrai rôle du manager, c'est donc d'avoir compris les singularités des individus qui composent son groupe.

La performance d'une équipe – « Ce qu'on me demande à moi, ce n'est pas de sélectionner les quinze meilleurs joueurs français, c'est de sélectionner les quinze Français qui, ensemble, auront la meilleure performance et ce n'est pas du tout la même chose ! Moi, ce qui m'intéresse, c'est la façon dont nous allons cohabiter. L'équipe de France, c'est deux ou trois heures de vie sportive, entraînement ou match, et quinze heures de vie sociale.

Imaginez un joueur qui serait un génie pendant trois heures de vie sportive et un abruti pendant quinze heures de vie sociale ! Si la durée de vie de l'équipe est d'un jour, on va s'en accommoder. Mais au bout du dix-huitième jour – et bien avant je peux vous l'assurer ! –, le type qui est insupportable aux autres, quelle que soit sa valeur sportive, n'a plus sa place dans l'équipe. Donc le rôle du coach, c'est d'avoir identifié tout ça et d'avoir associé les gens qui étaient capables de collaborer ; dans un premier temps de cohabiter, puis de collaborer. Et d'avoir affecté à chacun la mission qu'il est capable de réaliser dans le contexte de la vie sociale avec les autres.

La dimension des relations humaines : un élément majeur de la performance – Voilà pourquoi les entreprises disposent de spécialistes du recrutement. Sur quoi se fonde le recrutement ? Sur de prétendues compétences. Mais en fait, a-t-on imaginé que l'individu que l'on recrute va devoir s'associer à une équipe déjà existante, avec une typologie particulière et de prendre sa place dans cette organisation déjà actée ? Qui se préoccupe de cela ? On a l'impression que si l'on choisit un individu doué, celui-ci va forcément faire sa place chez les autres. Eh bien non ! La dimension des relations humaines est un élément majeur de la performance. Et comme elle n'est pas quantifiable, comme on ne peut pas l'organiser et la structurer de manière mathématique, on finit par l'oublier. Encore une fois, la bonne équipe, c'est d'abord celle qui est bien construite. Après, il faudra savoir s'associer et se répartir les responsabilités. Malheureusement, dans l'entreprise, on se réfère beaucoup trop à l'étiquette et à la compétence présumée ou au diplôme, que réellement à la capacité des uns et des autres à améliorer le système où ils vont entrer.

La motivation de l'équipe – Force est de constater qu'au fil du temps, celui qui paraissait déterminé et motivé le paraît de moins en moins. Et donc on dit : « Il est malade, il a perdu sa motivation. » On se dit : « Le manager va devoir le remotiver. » Posons la question différemment : qu'est-ce qui fait que cet individu initialement motivé est désenchanté aujourd'hui ? Ce phénomène est dû au mode opératoire, à la façon dont est organisé le travail. Sa vie au travail fait que de jour en jour il se désenchante. Donc, peut-être que si l'on veillait avant tout à ne pas démotiver les gens, on ne se poserait pas la question de devoir le remotiver. Dans les formes de travail plutôt participatives, on va prendre en compte l'autre, ou on va lui faire confiance, ou on va le solliciter pour son expérience. Reste que la plupart du temps dans une entreprise, quand quelqu'un propose des modifications de son poste de travail pour améliorer, très souvent le manager de niveau intermédiaire dit : « Fais ce qu'on te dit de faire et ne nous… pas ! » Comprenez que celui à qui l'on vient de dire cela, plus jamais il ne proposera quoi que ce soit.

Alors que faire confiance, reconnaître, valoriser, ce n'est pas gratuit, ce n'est pas que généreux. Un directeur à chaque fois qu'il dit bonjour à quelqu'un croisé dans les couloirs le matin avec un mot personnel, qui lui a pris trente secondes, génère chez l'individu concerné une force d'estime, de reconnaissance et de fierté d'appartenance qui est le carburant de la performance.

La médaille ne peut pas être l'objectif. La médaille n'est que la conséquence d'un parcours réussi. Et la véritable réussite de cette aventure-là, c'est la réussite humaine : c'est avoir mieux compris les gens, avoir mieux compris comment arriver à les associer, comment parvenir à les rendre utiles.

Claude Onesta nous donne une belle leçon de management : sur le choix des collaborateurs, sur l'importance de l'entente dans l'équipe, sur le management participatif. Il faut croire que cette recette fonctionne plutôt bien, puisqu'elle lui a permis de conquérir avec son équipe trois médailles d'or aux championnats d'Europe, cinq aux championnats du monde et deux aux jeux Olympiques ! Claude Onesta pointe également le paradoxe qu'une équipe qui gagne est en danger… si elle ne change rien à son mode opératoire : tout simplement parce qu'elle risque de s'endormir sur ses lauriers et que les autres équipes peuvent facilement copier sa méthode.

C'est aussi l'avis du paléoanthropologue Pascal Picq. Il fait partie de ces écrivains-chercheurs qui aiment échanger avec l'entreprise. Pour illustrer la nécessité vitale de s'adapter au changement, il a coutume de prendre la métaphore de la Reine rouge. Dans *Alice au pays des merveilles*, de Lewis Caroll, l'héroïne rencontre la Reine rouge ; toutes deux se lancent dans une course endiablée mais après une longue traversée, Alice s'aperçoit qu'elle est toujours au point de départ. Elle observe alors : « On arriverait généralement à un autre endroit si on courait très vite pendant longtemps, comme nous venons de le faire. » Ce à quoi la Reine répond : « Ici, vois-tu, on est obligé de courir tant qu'on peut, pour rester au même endroit. Si on veut aller ailleurs, il faut courir au moins deux fois plus vite que ça ! » S'adapter face à la concurrence historique, aux nouveaux entrants et aux bouleversements du marché est donc vital.

En France, on se montre créatif : nous sommes doués pour faire émerger de nouvelles idées (ce que Pascal Picq appelle la variation), moins bons pour sélectionner ces idées et surtout pour les mettre en œuvre… Ainsi, les Français ont quarante-sept entreprises classées parmi les cinq cents premières entreprises du monde, avec quatre ténors dans les quinze premières mondiales (en 2013). Nous sommes très bons pour faire progresser des leaders, augmenter leurs forces (c'est « lamarckien ») ; les Américains sont très forts pour faire émerger des start-up, grâce à la culture de l'essai-erreur.

Aux États-Unis, les vingt-cinq premières entreprises ont moins de quarante ans d'existence. Un capital-risqueur, sur dix entreprises, misera sur les deux entreprises qui émergeront, avec un potentiel de pépite, même si trois échouent. Pascal nous recommande donc le processus suivant : variation (je suscite de nouvelles idées, en étant conscient que certaines n'aboutiront pas) ; sélection (j'en choisis) ; développement (ou mise en œuvre : je mets en pratique).

Le paléoanthropologue nous donne un autre exemple de la nécessité de s'adapter. Observons la nature, poursuit-il : elle développe deux grands modèles d'animaux qui correspondent à deux stratégies.

La stratégie « R », alliant le grand nombre et un investissement qualitatif faible ; par exemple, les rongeurs : ils se reproduisent très vite, les parents s'occupent peu de leurs progénitures. Appliqué à l'entreprise : pour investir un nouveau marché (un pays émergent, par exemple), mieux vaut lancer des produits de faible qualité (stratégie « R »).

La stratégie « K », de qualité ; c'est l'exemple des mammifères comme le chimpanzé : il y a souvent une seule progéniture, avec un fort investissement parental, une grande taille, une vie sociale complexe. Appliqué à l'entreprise : sur un marché mûr, mieux vaut appliquer une stratégie qualitative, avec des produits à haute valeur ajoutée.

Pour Pascal Picq, toute stratégie « K » est fondée sur l'épanouissement des femelles ou des femmes. Notre ami paléoanthropologue fait un parallèle audacieux entre dette et inégalité homme-femme : au nord de l'Europe, des pays où les femmes sont égales aux hommes, la dette de l'état est quasi-nulle… ; l'Europe du Sud, en revanche, réputée pour son côté « macho », donc inégalitaire, a un endettement par état très important. Pascal Picq nous montre ainsi que, pour réussir à progresser et dépasser les crises, l'important n'est pas de grossir à l'infini, mais de s'adapter en permanence.

Troisième défi : d'une économie de volume à une économie de la virtuosité

L'évolution d'une économie qui ne sera plus fondée sur la recherche des baisses de prix, mais tournée vers l'obtention d'une valeur maximale d'usage, devra faire la part belle à la virtuosité, c'est-à-dire à la faculté de réaliser des actions difficiles. Le culte voué à la facilité depuis l'après-guerre et à la bataille des prix est déjà obsolète. Dans ce contexte, le rôle du management sera d'insuffler de l'enthousiasme !

Dans une de ses interventions, l'économiste Philippe Dessertine revient sur la crise qui a secoué le groupe ORPEA, deuxième exploitant en France d'établissements d'hébergement pour personnes âgées dépendantes, représentatif de ce changement dans la valeur relative d'une entreprise. Avant la parution au printemps 2022 du livre à charge *Les fossoyeurs*, la valeur perçue de la société était au beau fixe et s'appuyait sur des critères objectifs et mesurables, comme une hausse du chiffre d'affaires en 2021 de 9,2 % et un bond de son EBITDAR (Excédent brut d'exploitation avant loyer) de 10,9 %, représentant presque 25 %.

Son directeur général, Yves Le Masne, pouvait avoir de bonnes raisons de se satisfaire : en tant que société cotée en Bourse, une telle performance ne peut que combler les actionnaires. Le livre de Victor Castanet fait l'effet d'une bombe, entraîne le licenciement de son directeur en quelques jours et deux rapports accablants de l'IGAS (Inspection générale des affaires sociales) et de l'IGF (Inspection générale des finances), mettant au jour une nourriture insuffisante, des documents financiers insincères et des excédents budgétaires dégagés sur les dotations publiques.

En parallèle, des dizaines de plaintes groupées de la part des familles de résidents accusent ORPEA de mise en danger de la vie d'autrui. En quelques jours, le bénéfice net plonge de 59,3 % et le titre perd 75 % de sa valeur depuis le début de l'année 2022. Avant la crise, les dirigeants de ce groupe étaient encore sur la seule notion de chiffres, d'économie de volume et de rationnement de la nourriture, alors que leur métier repose essentiellement sur le rapport humain.

Les dirigeants actuels auront bien du mal à faire passer leur modèle économique de volume à un modèle de virtuosité, comme l'explique Marc Halévy, alors que certains responsables d'établissement ORPEA gèrent avec efficacité et humanité leur EHPAD.

Quatrième défi : de la course au progrès à la recherche de sens

Enfin, la philosophie du bien-vivre remplacera avantageusement celle du progrès, sous réserve d'injecter dans nos mondes une spiritualité, entendue au sens large. Charge à nous de redonner du sens et de la fierté à nos différentes actions, y compris dans le cadre banal de la vie quotidienne et dans l'entreprise.

Témoignage de Frédérique Bedos

Après des études d'égyptologie qui la passionnaient, Frédérique Bedos se retrouve plongée dans le milieu des médias, en Angleterre, aux États-Unis, puis en France. Alors que sa carrière se déroule pour le mieux, parmi les stars et sous les projecteurs, Frédérique prend soudainement conscience de l'inanité de sa vie, de son absence de sens. Elle fait un bilan lucide sur les médias : ils ont une influence grandissante sur notre vie et dans le même temps, la qualité et le niveau des connaissances véhiculées à travers la télévision diminuent, car, pour eux, l'important est que les émissions plaisent aux téléspectateurs, pas d'élever leur niveau culturel.

Par ailleurs, le choix télévisuel, prétendument immense, est illusoire, car la pensée unique y prédomine, uniformisant les informations et les analyses. Plus grave, la violence diffusée a pris des proportions très importantes, y compris à destination des jeunes et laisse des traces :

> En montrant le pire de l'humanité et en caricaturant sans cesse le moindre mot, les médias nous démoralisent, détruisent peu à peu notre espérance, sèment l'angoisse et la peur, donc portent atteinte à notre liberté, à notre capacité de réflexion et à notre ouverture aux autres. Dans ces conditions, il devient difficile de bâtir un monde tourné vers le bien commun, la solidarité et le partage, c'est-à-dire vers ce qui nous donne de la force. Les conséquences, notamment la montée des extrémismes parmi ces millions de personnes progressivement persuadées qu'il n'existe aucune solution, sont graves. Et les médias, qui s'infiltrent quotidiennement dans les foyers, en sont responsables.

Au cœur de cette remise en question, son enfance ressurgit, faisant remonter en elle toutes les valeurs qui l'avaient aidée à se construire. Frédérique a réalisé que sa propre histoire était porteuse d'espérance. Sa mère présentant des symptômes de schizophrénie, elle est confiée, via un prêtre, à un couple du nord de la France, qui élève dans une petite maison pleine à craquer, neuf enfants, venus du monde entier.

Quand le cœur est dilaté, les murs reculent

Pour eux, ces enfants recueillis, c'est un premier message : « Quand le cœur est dilaté, les murs reculent. » Dans cette famille, Frédérique apprend que tout est possible et comprend que les barrières, ce sont nous qui les posons, en particulier lorsque nous sommes en proie à la peur. Ses parents sont à la fois très simples, modestes et sans économies. Guidés par le seul amour, ils iront jusqu'à adopter vingt enfants, ce qui paraît à première vue inimaginable :

> En dépit des difficultés et du manque de moyens, tout finissait par se mettre en place pour que chacun de nous puisse vivre. Nous étions tous blessés à vie, handicapés ou traumatisés, mais nous avions de bonnes raisons de nous entraider, car les difficultés, le handicap de notre frère ou de notre sœur nous obligeait à nous décentrer de notre propre condition. Je crois que la vie mérite d'être menée avec intensité et me reconnaît parfaitement dans cette célèbre citation de saint Augustin : « La mesure de l'amour, c'est d'aimer sans mesure. » En 2008, lors de ce double déclic personnel et professionnel, j'ai quitté la télévision du jour au lendemain pour créer mon propre média, dans le but de parler des héros anonymes, ceux dont on ne parle jamais. Ces héros de l'ombre nous apportent l'espérance dont nous avons besoin et qui nous donnent envie d'agir à notre tour : c'est ainsi qu'est né le projet Imagine.

Le temps nécessaire

Même si des personnalités de tous horizons illustrent bien ces changements nécessaires, Marc Halévy nous met en garde : le processus correspondant à ces cinq ruptures prendra beaucoup de temps.

> Selon les historiens, le passage d'un système à un autre dure environ un siècle et demi et, par conséquent, l'émergence d'un nouvel équilibre pourrait n'avoir lieu qu'aux alentours de 2070. De surcroît, il est prévisible que chacune des différentes crises dure une cinquantaine d'années. C'est d'autant plus vrai aujourd'hui que nos institutions sont encore les héritières de la Renaissance et qu'elles mettent en œuvre des outils de régulation afin de préserver un système déjà dépassé, car

fondé sur la croissance économique, tout en nous promettant une reprise aussi prochaine qu'illusoire et en ignorant les cinq ruptures que nous vivons actuellement. Il est pourtant urgent de réinventer notre monde.

La solution ne proviendra donc pas de nos institutions qui ne mettront pas elles-mêmes un terme à la logique qui les a fondées. De fait, toujours plus d'entraves législatives, fiscales et financières apparaissent, comme autant d'outils empêchant les individus et les organisations d'échapper aux pouvoirs en place. Nous assistons donc à deux logiques en guerre l'une contre l'autre: celle de la pyramide hiérarchisée contre celle des solutions locales. C'est pourquoi, poursuit Marc Halévy, il reviendra à chacun de choisir son camp, de prendre ses responsabilités et de veiller à ce que les générations futures connaissent un monde vivable.

Ainsi, Marc Halévy nous indique que la crise que nous connaissons fait partie d'un processus répétitif dans l'histoire de l'humanité et qu'il convient de bien gérer les cinq ruptures pour arriver à un état à nouveau stable. Est-ce à cause de l'inquiétude liée à cette crise que l'entreprise se pose la question du bonheur au travail?

Cinquième défi: le numérique au service de l'homme

Le cinquième défi annoncé par Marc Halévy constitue le passage des activités mécaniques aux activités numériques. Celles-ci recèlent autant de trésors fabuleux que de dangers, à condition que le monde numérique reste au service de l'homme et non l'inverse. L'humanité doit en effet rester maîtresse de ses pensées et de ses langages.

Pour aborder cette problématique, donnons d'abord la parole à un des spécialistes de l'intelligence artificielle et auteur du rapport sur ce sujet, en 2018, lauréat de la prestigieuse médaille Fields en 2010, le mathématicien et député

Cédric Villani, qui place la relation homme-intelligence artificielle sur le plan de l'éthique :

> **L'intelligence artificielle (IA) rebat les cartes** – L'arrivée de l'intelligence artificielle a enrichi le paysage d'un nouveau regard sur le scientifique et change les perspectives et les enjeux dans un contexte de tensions exacerbées entre les sphères économiques, politiques, scientifiques et sociales. Mandaté pour un rapport gouvernemental sur le sujet de l'IA, j'ai mis l'éthique et la conscience au cœur de sa rédaction. L'histoire de l'IA, depuis l'invention du terme en 1956 à partir des travaux d'Alan Turing (père fondateur du domaine, mort deux ans auparavant), a connu des hauts et des bas. À une époque pas très lointaine, les travaux sur les réseaux de neurones artificiels étaient ringardisés et considérés comme des rêves improductifs. Les politiques misaient donc peu sur ces réseaux, ils n'en avaient même pas connaissance. Aujourd'hui, c'est tout le contraire, ils raisonnent en milliards d'euros parce que désormais le concept de réseau de neurones artificiel (apprentissage profond, c'est-à-dire avec un certain nombre de couches de neurones) fonctionne, est devenu la technologie la plus efficace en matière de programmation informatique de tâches sophistiquées, et mobilise tout le monde.
>
> L'IA est bien artificielle, mais elle n'a rien d'intelligent car les mécanismes profonds de l'intelligence humaine (ou animale) sont encore inconnus pour l'essentiel, et très difficiles à reproduire. En revanche, ces machines parviennent à exécuter remarquablement certaines tâches attribuées à l'intelligence humaine mieux que les meilleurs d'entre nous, même sans en utiliser les vrais mécanismes. Les super algorithmes qui terrassent les plus grands maîtres aux échecs ne sont que des « bourrins » ultraspécialisés, ignorant les causes de leur victoire. Leurs cousins dominant le monde du jeu de go sont plus subtils, mais eux aussi, ignorent tout des règles de stratégie, même si à l'occasion ils en découvrent de nouvelles. Et aucun algorithme n'est encore capable de faire des choses toutes simples pour le commun des mortels, comme engager une voiture autonome dans une file à partir d'une bretelle

d'autoroute. Cet exemple n'est pas là pour affirmer la spécificité de l'intelligence humaine, ou son caractère indépassable sur quoi que ce soit, l'exercice serait puéril ; il est là pour bien indiquer que les deux « intelligences » sont à ce jour de nature extrêmement différente. Pour autant, le robot véritablement intelligent n'est pas pour demain, ni pour après-demain. Et sans attendre cet hypothétique jour, il y a bien des domaines dans lesquels les résultats de l'IA sont importants et où les spécialistes doivent les prendre en compte ; l'un des plus importants est la santé. Ce domaine n'est pas aussi simple que le jeu d'échecs ou de go, qui sont des modèles faciles et où la machine peut reconstituer par puissance de calcul les résultats. En matière de cancer de la peau, on ne peut retrouver les règles par soi-même, il faut s'appuyer sur le corpus médical. Et si l'IA obtient des résultats dans le domaine de la santé, c'est avant tout par des processus de l'ordre intellectuel du réflexe, de l'habitude, nourris par la connaissance d'un grand nombre de données de l'expérience.

L'IA, un atout qui doit rester sous contrôle – Pour avoir une école en IA digne de ce nom dans un pays, il faut cumuler trois facteurs : avoir des ingénieurs et des scientifiques compétents (qui s'arrachent aujourd'hui à prix d'or), du matériel de calcul performant, et des grands jeux de données pour pouvoir faire le calibrage des algorithmes. Les pays sont très inégaux par rapport à ces trois ingrédients. Les risques d'accaparement de ces technologies par les plus avancés existent, et sur ce terrain l'Europe ne fait pas la course en tête. Google peut rémunérer un chercheur cinq fois plus que n'importe quel institut public comme le CNRS et lui permettre de travailler sans avoir à quitter son cadre de vie préféré. Pour la capacité de calcul, l'Europe est en retard de plusieurs dizaines de millions d'euros par rapport aux États-Unis, et enfin les plus grands jeux de données du monde se trouvent aux États-Unis et en Chine. Toutefois, nous assistons aujourd'hui à l'arrivée des données professionnelles, techniques, industrielles et sur ce nouveau terrain de jeu, le contrôle de leur collecte est ouvert pour les Européens.

Si le risque de rébellion de l'IA est nul, il existe des dangers plus pressants comme ceux dénoncés par Cathy O'Neil dans son célèbre ouvrage *Weapons of Math destruction*. Elle y montre comment l'emploi de l'IA a déjà abouti à des manipulations, atteintes à la démocratie ou régressions sociales : logiciels d'éducation mal calibrés, logiciels induisant le consommateur en erreur ou générant des règles de travail inhumaines, etc. Identifier tous ces dangers et difficultés aide bien évidemment à les contrer. Le consommateur, l'électeur peuvent facilement être manipulés par les grandes plateformes numériques ; les technologies ont beau être crétines, elles sont quand même capables de s'emparer de nos biais cognitifs et déjouer nos maigres protections mentales. Il y a dans ce but des comités d'éthiques indépendants et la création d'un contexte législatif protecteur, comme la loi pour une république numérique, en France, mais de façon générale, toute l'Europe est bien protégée au niveau législatif. Le vrai enjeu maintenant est dans le savoir-faire, l'opérationnel.

Quelle approche institutionnelle pour l'IA ? – Les compétences scientifiques et technologiques seront indispensables aux institutions pour corriger ce qui ne va pas, développer les performances et assurer notre sécurité. Il faut donc former et recruter les experts nécessaires, également constituer de bonnes plateformes de données dans une démarche de partage.

Néanmoins, le modèle gaullien de développement de l'innovation par l'État est derrière nous, car aujourd'hui, le contexte international a changé, la puissance publique n'est pas performante dans ce domaine face à des acteurs privés beaucoup plus agiles. Je crois plutôt à une politique éclairée de coopération entre public et privé, à la fois pour développer l'accès aux données et trier les projets dangereux des projets utiles. Les voitures automatiques (si elles existent un jour, ce qui n'est pas du tout garanti), les diagnostics médicaux, ou toute autre technologie d'IA critique, seront plus sûrs et performants qu'actuellement, à condition que leur utilisation reste sous contrôle. La partie complexe n'est pas la technologie mais l'être humain et l'enjeu majeur sera, au-delà de la technique et de l'éthique, de déterminer qui parle à qui, en trouvant l'équilibre entre gouvernance et confiance : qui décide ? Qui attribue les droits ?

> La révolution de l'intelligence artificielle n'a rien à voir, au plan de l'innovation, avec celle de la bombe atomique : dans ce dernier cas, c'était une découverte fondamentale, top secret, fruit des travaux d'une poignée de physiciens ; puis cela a été l'affaire, encore ultraconfidentielle, des gouvernements. Alors que l'intelligence artificielle interfère directement avec nos vies de citoyens, et se développe au contact du plus grand nombre. Elle est donc l'affaire de tous et toutes.

Progrès et sagesse

Cédric Villani nous recommande donc la plus grande attention et réflexion éthique, dès lors que la question du numérique et de l'homme est évoquée. Voyons ce qu'en pense un homme complètement détaché des biens terrestres, le père Nicolas Buttet, fondateur de l'Institut d'études anthropologiques Philanthropos et co-créateur du Zermatt Summit, qui vise à « humaniser la mondialisation » :

> Un homme descend une montagne au triple galop : « Où cours-tu si vite ? », lui demande-t-on. « Je ne sais pas ! Demande à mon cheval ! »
>
> Le monde court vers l'avenir à une vitesse vertigineuse mais en l'absence de contrôle sur la direction de marche ! Ce voyage à l'aveugle pose une question essentielle, celle de la destination (Romain Gary). « C'est une chose déplorable de voir tous les hommes ne délibérer que des moyens et point de fin », nous dit Blaise Pascal.
>
> Si la science nous dit « comment » faire les choses, comment cela fonctionne, elle ne peut répondre à la question du « pourquoi » : pourquoi y a-t-il quelque chose plutôt que rien, ni non plus si telle chose est bonne ou ne l'est pas (Hubert Reeves). Le « pourquoi » est en effet affaire de sagesse. Ainsi, la problématique d'aujourd'hui est la suivante : comment allier le progrès technique au progrès humain ? Autrement dit, il faut interroger le destin de l'inéluctable progrès en

fonction de notre liberté, interroger notre capacité à choisir l'avenir.

Le progrès : un problème ! – C'est au XVIIIe siècle que l'on assiste à la sécularisation de l'histoire. Kant affirme l'inéluctabilité du progrès scientifique, « le but de la race humaine ». Et Condorcet estime que « seul le progrès peut dissiper les deux fléaux du genre humain : la bêtise et la méchanceté ».

Or, aujourd'hui, le progrès a changé de statut : de solution, il est devenu problème (Jacques Julliard) ! En effet, « tout moyen est plus qu'un moyen » (Gunther Anders) : un objet technique n'est jamais moralement neutre car il est construit en vue d'une fin (finalité tendancielle). Il est alors de notre responsabilité de ne pas ignorer la nature de cet objet, de ne pas ignorer notre propre nature, notre condition humaine ; en effet le résultat de notre action est autre que celui que nous avions à l'esprit (Jaspers) : le bien que nous pensions n'est pas atteint dans l'action.

Un drame épiméthéen. Ainsi se pose la question de « la mort du sujet » (Michel Serres) : sommes-nous toujours maîtres du processus technique ou sommes-nous dans un processus technique sans sujet ? Si nous sommes bien dans un âge prométhéen (Prométhée a fait à l'homme le don inestimable de la technique en oubliant de nous donner l'art politique), notre problème est épiméthéen, en ce que nous agissons puis réfléchissons après-coup (réfléchir après l'action est la signification du mot épiméthée). Ainsi, dès l'Antiquité, le rapport entre l'homo faber et l'homo sapiens est posé. Au XXe siècle, Bergson explique que l'être humain est moins homo sapiens qu'homo faber et Hans Jonas fait le constat aujourd'hui que l'homo faber a pris le pas sur l'homo sapiens.

Où en est la sagesse ? « Homo sapiens » : le mot *sapiens* vient du latin *sapere* qui signifie d'abord avoir du goût, percevoir les saveurs ; puis, il signifie être sage, c'est-à-dire bien juger, prendre de bonnes décisions, pour enfin désigner le savoir. La sagesse est ainsi la capacité à vivre ensemble dans la justice, la paix, l'harmonie : c'est l'art politique (Zeus, pour réparer l'oubli de Prométhée, donne aux hommes la pudeur, la justice et l'amitié, car il craint la démesure *hubris* dans la technique).

Mais l'homme contemporain se dit aussi, anthropologiquement, « homo deus » quand le scientisme se substitue à la religion (Ernest Renan, Yuval Noah Harari). Il se dit aussi « homo numericus », il acquiert une identité numérique, à l'origine d'un nouveau langage, de nouvelles règles de communication avec l'autre, dans une nouvelle démocratie numérique. Il se décline aussi en « homo sapiens-technologicus » lorsqu'un expert délègue à un comité d'éthique la sagesse.

Quant à l'« homo complexus » (*sapiens* et *demens*), il désigne l'homme qui ne peut être réduit à sa seule rationalité car il est aussi déraisonnable, c'est-à-dire habité par des passions, par un besoin de dépassement (le saint, le héros, le surhomme, le transhumain). L'homme est ainsi un être complexe du fait de son affectivité présente dans sa rationalité, d'où son incomplétude, son besoin de dépassement. Enfin, l'homme est « homo sentiens » : rien dans l'intelligence qui ne soit d'abord dans les sens. Le sens du toucher est le sens de la confiance, de la joie d'exister, de la certitude d'être aimé. L'odorat est le sens de la relation ; le parfum témoigne de la présence d'un être mais il permet aussi de passer de l'absence de cet être à sa présence-absence.

La technologie : une urgence spatiale et temporelle – L'intelligence ne se réduit pas à la capacité de mettre en place un processus. Elle est essentiellement dans la perspective du don car l'homme est un don pour lui-même et pour les autres. Le bien de la personne est une intelligence qui pense le sens, qui nous permet de vivre et de s'engager. La volonté, elle, s'inscrit dans mon bien propre mais surtout dans le bien commun : œuvrer ensemble pour le bien commun de l'entreprise. C'est ce qui va donner au travail toute sa finalité et sa hauteur.

La technologie contemporaine nous place dans l'urgence spatiale et temporelle. Cependant, le sens du réel dépend de notre rapport au temps. Si le futur renvoie à ce qui sera, à partir de ce qui est déjà, le futur est donc prévisible et planifiable. L'à-venir, lui, renvoie à ce qui sera à partir de ce que sera. Ainsi, l'à-venir est la survenance de l'inattendu, du non-planifiable, du non-prévisible. L'à-venir demande la capacité à être surpris, pris à contre-pied (Jacques Derrida). L'à-venir surgit dans le futur et nous demande la confiance, l'abandon. L'événement qui surgit (*kairos*) nous montre qu'il n'est pas de notre capacité de tout maîtriser.

On peut distinguer quatre manières de nous situer dans le temps : celui de l'ascendance (hier) ; celui de l'appartenance (aujourd'hui) ; celui de la descendance (demain) ; celui de la transcendance (éternité). Les désenchantements du monde sont liés à l'absence de transcendance : « En face d'individus qui hurlent leur raison de mourir, chantons nos raisons de vivre » (E.-E. Schmitt).

La vision d'un sublime dans l'homme – « Notre crise majeure n'est ni économique, ni financière, ni écologique, ni sociopolitique, ni géopolitique. C'est une crise spirituelle d'absence radicale – dans les élites et dans les masses – de vision d'un sublime dans l'homme qui serait partageable entre tous ; athées, agnostiques, croyants » (Abdennour Bidar). Retrouver l'intériorité et la rationalité, c'est redevenir humain.

On peut donner sens à sa vie par trois voies :

– la voie de l'accomplissement, c'est-à-dire la réalisation de sa mission, la création d'une œuvre ;

– la voie de l'amour qui mène à l'établissement de liens significatifs avec la nature, l'art ;

– la voie de la transcendance qui incite l'individu à adopter une attitude positive face à la mort et aux souffrances inévitables.

Elle offre à l'individu la liberté de choisir quelle sera son attitude devant la souffrance, la vie. C'est cette liberté spirituelle qui donne sens à la vie. L'incomplétude qui nous spécifie est positive car elle est une interpellation pour la plénitude. Ainsi, pour devenir acteur du changement, le vrai moi a besoin d'être « dégagé », « enlevé ».

Toutes les civilisations sont caïnites car Ève, en enfantant Caïn, dit : « J'ai acquis », ce qui signifie acheter, acquérir : c'est Caïn-toujours-plus ! Or la voie de Caïn est sans issue comme le dit Qohelet : « J'ai acquis des esclaves et des servantes, j'ai des domestiques et des troupeaux [...], j'ai amassé aussi de l'or et de l'argent. Je me suis procuré tout le luxe des enfants des hommes, coffret par coffret. Je n'ai rien refusé à mes

> yeux de ce qu'ils désiraient, [...] alors je réfléchis à toutes les œuvres de mes mains et à toute la peine que j'y avais pris, eh bien, tout est vanité et poursuite de vent. » Le mot « frère », désignant Abel, habituellement traduit par vanité, a un sens originel et concret qui signifie : « buée », « vapeur ». La vapeur monte du sol, elle est une réalité visible pour les yeux mais si l'homme veut l'attraper, elle se dérobe à lui. Ainsi la voie d'Abel est la véritable essence de l'humanité, la seule existence qui vaille car tout est dans la relation : « le frère » !

Ainsi, dans la relation au progrès et au numérique, le père Nicolas Buttet nous recentre sur la question du sens donné à notre vie, avec trois voies possibles : l'accomplissement de sa mission, notamment par la création d'une œuvre (la virtuosité dont parle Marc Halévy), la voie de l'amour et la voie de la transcendance.

Cédric Villani a montré dans son rapport sur l'IA, à quel point celle-ci pouvait transformer nos vies, pour le meilleur – qui pourrait aujourd'hui se passer des facilités d'Internet dans le quotidien ? – et pour le pire. Faut-il s'inquiéter de ce nouveau pouvoir ? Jusqu'où peut-il aller ? Transhumanisme et humanisme peuvent-ils faire bon ménage ?

2

Jusqu'où pousser l'innovation ? La tentation du pouvoir

Nous avons vu au premier chapitre, pourquoi l'entreprise du XXIe siècle devait passer d'un modèle pyramidal à un modèle en réseau. Dans ce contexte, le pouvoir du dirigeant est plus nuancé : il n'est plus le monarque absolu, qui détient toute l'information et dirige seul, car il s'appuie sur ses collaborateurs dans un dispositif semblable au réseau, même si c'est bien lui qui décide et qui tranche.

Dans cette partie, nous nous intéresserons à la notion de pouvoir et de leadership, puis à la question essentielle de l'innovation et enfin, nous nous poserons la question des limites de l'innovation, avec notamment, les progrès en matière d'intelligence artificielle et les limites éthiques qu'ils représentent.

Le pouvoir du leader

Le spécialiste de civilisation anglo-saxonne Christian Monjou a une façon unique de parler de leadership et de pouvoir, en décryptant les messages implicites de tableaux de grands maîtres, principalement classiques. Un de ses « sujets » préférés est la reine d'Angleterre Élisabeth Ire, qui a régné au XVIe siècle pendant quarante-cinq ans ! Cette reine puissante a toujours soigneusement contrôlé son image tout au long de son règne et à travers costumes, coiffures, bijoux et art, elle s'est présentée comme la grande reine vierge.

Dans le *Portrait à l'arc-en-ciel* attribué à Marcus Gheeraerts le Jeune, portrait de commande, on peut distinguer sur sa robe les attributs du pouvoir : des yeux, des oreilles et des bouches ! Traduction : il n'y a que moi qui vois, qui entends et qui parle (ou informe).

Pour Christian Monjou, « l'homme de pouvoir n'a jamais fini de voir, entendre et parler : sa légitimité ne vient plus de la détention de l'information (et aujourd'hui, avec Internet, tout se sait), mais du risque de la communication : passer de voir à regarder, d'entendre à écouter, de parler à communiquer ».

Presque cinq siècles plus tard, nous mesurons l'importance du pouvoir de la communication, pour le meilleur… et pour le pire ! Combien d'hommes politiques se sont mordu les doigts de telle phrase lancée trop vite à des journalistes, par exemple, immédiatement rapportée et parfois amplifiée !

Le leader possède un visage et un masque

« Tout leader est un système de signes qui est constamment déchiffré par ses collaborateurs », poursuit Christian Monjou :

> Le leader possède un visage et un masque. Il doit toujours se poser la question suivante : ce que dit le corps public (ce que je préconise) est-il cohérent avec le corps privé, mon attitude ? Le grand leader passe sans arrêt de l'un à l'autre, du masque au visage, du corps privé au corps public. Le leader doit pratiquer les vertus cardinales, au nombre de quatre : la prudence, qui est une forme de sagesse, permet au leader de discerner en toutes circonstances ce qui est bien, car il doit engager la communauté, mais ne pas être timoré ; la tempérance,

> c'est-à-dire la maîtrise de la volonté sur ses instincts; la force d'âme: le courage, cette force morale qui permet la fermeté et la constance dans la poursuite de la mission; la justice, qui permet d'avoir la ferme volonté de donner à chacun ce qui lui est dû, de préserver également les équilibres et savoir trancher quand il le faut.

Enfin, notre intervenant, s'appuyant sur les travaux du professeur Fred Greenstein, «The qualities that bear on presidential performance» («les qualités qui comptent dans la fonction présidentielle»), préconise six points de vigilance: bien communiquer et savoir se remettre en question, la communauté ne doit pas se centrer sur la vérité, mais sur le réel, à savoir le client (toute organisation qui se sent agressée peut se murer en forteresse: «*We build too many walls and not enough bridges*»); bien gérer son équipe, en étant suffisamment exigeant avec ses collaborateurs, de façon à ce qu'ils puissent jouer leur rôle de conseiller, pas de courtisan; la compétence politique; la vision et la capacité à inspirer (la vision n'a de sens que si elle est partagée…); l'intelligence émotionnelle; l'intelligence stratégique.

Innovation et progrès

Dans un monde en profonde mutation, où l'innovation est souvent disputée au niveau mondial, le leader doit se poser la question de l'innovation: est-elle toujours synonyme de progrès? Dans l'entreprise, va-t-elle entraîner des pertes d'emplois? Nous avons posé la question à l'économiste Nicolas Bouzou, auteur de plusieurs ouvrages sur ce sujet, comme *L'innovation sauvera le monde* ou *Le travail est l'avenir de l'homme*. L'économiste se veut tout d'abord rassurant en disant que l'innovation, avant d'être perçue comme bénéfique, peut tout d'abord faire peur:

Dans l'histoire, nombreuses furent les craintes infondées des dirigeants : après l'incendie de Rome attribué à Néron, l'empereur Vespasien n'a-t-il pas interdit l'usage de grues qui aurait pourtant facilité la reconstruction de la ville ? La reine Élisabeth Ire ne s'est-elle pas écriée : « Cette machine va transformer mes sujets en hordes de clochards » devant de nouveaux métiers à tisser ? Plus près de nous, au cœur de la tristement célèbre « crise de 1929 » et alors que le chômage explose, le maire de San Francisco n'écrivait-il pas au président Hoover : « C'est une crise de la technologie, nous payons les pots cassés de la Belle Époque » ?

En vérité, dans l'histoire, la destruction ne l'a jamais emporté sur la création ! Jamais autant de personnes dans le monde n'ont travaillé et le chômage ne représente que 5,5 % de la population active mondiale[1] concentrée dans certains pays. En Europe, la dernière décennie a vu la création nette de plus de douze millions d'emplois. Il n'y a quasiment pas de chômage en Allemagne, en Norvège, au Japon. Aux États-Unis, en pointe de la troisième révolution industrielle avec ses « usines 4.0 » où se conjuguent le numérique, l'intelligence artificielle et la robotique, le chômage n'atteint que 4,4 % de la population active, confirmant ainsi le bien-fondé de la « théorie du déversement » d'Alfred Sauvy selon laquelle un emploi qualifié bien rémunéré entraîne la création d'autres emplois moins qualifiés et moins bien rémunérés. Une étude récente a montré que chaque emploi créé par les GAFAM entraînait la création de 2,5 emplois dans les services à la personne, le tourisme, la santé et l'éducation.

Il nous démontre ensuite que nous devons accepter le changement, qui est un processus naturel :

Dans un monde en mutation, l'avenir appartient aux généralistes, l'être humain a toujours eu et aura toujours des besoins non satisfaits ; il doit donc être affirmé clairement que

1. En 2019.

> nous n'allons pas vers la fin du travail mais que nous devons accompagner sa mutation.
>
> La décroissance, qui consiste à faire moins avec plus de valeur ajoutée n'est pas possible. En revanche, il est nécessaire de faire mieux car la seule limite à la croissance de nos besoins est la limite naturelle : accès aux terres rares, accès à l'énergie, accès à l'eau, réchauffement climatique. [...]
>
> Le développement d'une économie « circulaire » (recyclage) par une fiscalité incitative est donc un moyen essentiel d'accompagner la mutation du travail. De même, le prodigieux accroissement de notre espérance de vie (plus trente ans en un siècle !) doit-il s'accompagner de la prise en charge du vieillissement de la population ?
>
> Dans un monde en mutation très rapide, chacun est conscient de l'accélération de la disparition de certains métiers et de l'apparition non moins rapide de nouveaux métiers auxquels nous devons préparer nos enfants. L'avenir de l'humanité passe ainsi par nos capacités à acquérir une vision globale ; la complémentarité des compétences est essentielle pour maîtriser la technologie et nous devons aider nos enfants à être des généralistes, à la fois créatifs et rapides, à développer leur sens des relations humaines, à « casser les silos »... Le champ d'action est immense !

Nicolas Bouzou termine ensuite, par des conseils adressés aux parents, aux entreprises et à nos gouvernants :

> **Appel à la sagesse des parents** – Dans trop de familles, les enfants sont surprotégés, voire infantilisés, alors que nous avons besoin d'aider nos enfants à devenir des adultes responsables. Donnons-leur la capacité à acquérir des compétences ; mettons l'accent sur la précision du langage, sur les savoirs fondamentaux, les connaissances de base nécessaires pour évoluer ensuite dans un monde complexe. Comme Christian Monjou, je recommande aux parents : « Apprenons-leur à vivre les trois vertus cardinales de Platon : courage, justice et tempérance. Apprenons-leur que vivre c'est prendre des risques ! »

Appel à la sagesse des entreprises – Le management des entreprises « à l'ancienne » ne fonctionne plus ! Il n'est plus possible de refuser de prendre des risques ! Il n'est plus possible de demander aux salariés d'être autonomes et de passer 50 % de leur temps en réunions ! Il n'est plus possible de pousser à l'innovation et de refuser les financements nécessaires ! Les meilleurs n'aiment ni les réunions, ni les « power-points », ni les contraintes !

Une étude récente sur l'indice de complexité des entreprises a montré que depuis 1955 celui-ci avait été multiplié par trois pour l'environnement interne et par six pour l'environnement externe ! Dans ce monde complexe, il est impératif que le dirigeant sache donner du sens à ses équipes. Si l'économie aide à comprendre le monde, elle ne dit pas comment il convient d'agir ; pour cela, il faut s'appuyer sur la philosophie afin de guider l'action avec pertinence et lui donner du sens (qui ne saurait se limiter au bien-être ou au bonheur).

Appel à la sagesse des gouvernants – L'intelligence artificielle est issue du mariage fructueux d'intelligence humaine, de puissance-machine et de bases de données (« big data »), un mariage qui se révèle gros consommateur de capital : « Les données valent plus cher que le pétrole ! »

Nos gouvernants doivent unir leurs efforts pour conserver et valoriser notre capital humain et notre capital financier ; il est prioritaire de réduire le poids de la sphère publique afin de dégager les financements nécessaires à l'innovation. L'Europe a besoin de développer des financements européens et des programmes européens de développement de l'intelligence artificielle, faute de quoi nous perdrons peu à peu notre souveraineté et deviendrons des colonies des États-Unis et de la Chine.

Ainsi, pour l'économiste, le progrès consiste à donner à chacun la liberté de construire sa vie, avec prudence ; la prudence, c'est la vie ! La précaution, c'est la mort ! Liberté, vie, mort : ces trois mots sont au cœur d'un sujet qui émerge depuis une dizaine d'années en France, à savoir le transhumanisme.

Humanisme versus transhumanisme

Faut-il avoir peur du transhumanisme ?

Les progrès de la science au xxe siècle, en médecine particulièrement, ont permis d'augmenter de façon sensible l'espérance de vie – une trentaine d'années – du moins dans les pays économiquement développés. C'est un progrès que de nombreux pays nous envient, comme le Nigeria, dont l'espérance de vie ne dépasse pas 55 ans !

Mais est-ce bénéfique pour l'homme de vouloir repousser indéfiniment l'âge de sa mort, voire, comme l'annonçait le docteur Laurent Alexandre dans *La mort de la mort*, d'atteindre l'immortalité ou, pire, d'aller vers une sélection de l'humanité en fonction du quotient intellectuel ? À ce propos, voici un témoignage saisissant, rapporté par un professeur de médecine enseignant l'embryologie à Cincinnati, le professeur Varkany :

> Une nuit, celle du 20 avril 1889, mon père, qui était médecin à Braunau en Autriche, fut appelé pour deux accouchements.
>
> Pour l'un, c'était un beau garçon qui hurlait très fort, pour l'autre, une pauvre petite fille… Elle était trisomique.
>
> Mon père a suivi la destinée de ces deux enfants.
>
> Le garçon eut une carrière extraordinairement brillante ; la fille connut un destin assez sombre.
>
> Pourtant, quand sa mère fut atteinte d'hémiplégie, cette fille, dont le quotient intellectuel était médiocre, a tenu la maison avec l'aide des voisins, et donné quatre années de vie heureuse à sa mère grabataire.
>
> Le vieux médecin autrichien ne se souvenait plus du nom de la petite fille, mais il n'a jamais oublié celui du petit garçon : il s'appelait Adolf Hitler.

Créer une race nouvelle…

Les idées transhumanistes de certains chercheurs comme Ray Kurzweil (qui prédit le téléchargement du cerveau humain) ne rappellent-elles pas ce rêve du surhomme du même Adolf Hitler, notamment lorsqu'il déclarait: « Mon but ultime est de créer une race nouvelle, par une opération divine, une mutation biologique qui surpassera la race humaine, en lui conférant l'apparence d'une race nouvelle de héros, à moitié dieu et à moitié homme » ?

S'appuyant sur la médecine et d'autres sciences, comme l'informatique, les biotechnologies, les progrès de la fin du XXe siècle ont été tels que des scientifiques ont commencé à croire en cette immortalité pour le genre humain, vieux rêve depuis l'Antiquité, donnant naissance à un mot nouveau : le transhumanisme.

Qu'est-ce que le transhumanisme? Pour le Larousse, c'est un « courant de pensée qui vise l'amélioration des capacités intellectuelles, physiques et psychiques de l'être humain grâce à l'usage de procédés scientifiques et techniques (manipulation génétique, nanotechnologies, intelligence artificielle, etc.) [conviction idéologique plus que position solidement argumentée, le transhumanisme est contesté aussi bien d'un point de vue scientifique que d'un point de vue éthique] ».

Un moyen de nous faire oublier que nous allons mourir

Pour le docteur Laurent Alexandre, chirurgien-urologue et entrepreneur, « le transhumanisme est une religion comme toutes les autres. C'est un moyen de nous faire oublier que nous allons mourir. L'homme se ment à lui-même pour accepter sa mort biologique et se conférer une immortalité sociale non pas par la transcendance comme certaines autres religions mais par la technologie qui est censée nous permettre de ne jamais mourir ». Le philosophe Fabrice Hadjadj réfute cette idée car, selon lui, on ne peut faire un parallèle entre transcendance et humanisme :

> La transcendance (la religion) nous donne notre statut de créature, c'est-à-dire d'être inscrit dans la finitude physique et spirituelle. La foi du christianisme repose sur la résurrection des corps. Or, pour ressusciter, il faut mourir. Un bon mort est celui qui a donné sa vie aux autres ; il s'agit ici d'une affirmation radicale de la mort de l'homme comme lieu suprême du don. Ainsi, la religion n'est pas une fuite devant l'angoisse de la mort.
>
> Je veux défendre la spécificité du vivant : nous sommes des animaux et non des machines ! Le transhumanisme repose sur la dualité corps/esprit, c'est-à-dire une intelligence emprisonnée dans un corps. Cette vision nous fait renoncer à notre animalité. Or, notre intelligence est métaphorique : elle a besoin d'images qui nous viennent du corps. Autrement dit, nous pensons à partir de notre corps. Les artéfacts (les machines), que l'homme crée, ont un but utilitaire tel le lave-linge. La rose est-elle une machine ? L'enfant s'inscrit-il dans une finalité utilitaire ? La rose n'est certes pas intelligente, mais il y a bien une intelligence dans la rose. Le vivant ne peut être réduit à une logique mécanique, à une finalité fonctionnaliste. Il y a bien de l'utile dans le vivant mais la fonction du vivant est au service de la forme, c'est-à-dire sa spécificité, son originalité (voir Adolf Portmann). La nature est bel et bien puissance à inventer de nouvelles formes.

Intelligence artificielle versus intelligence humaine

Fabrice Hadjadj poursuit :

> N'opposons pas cerveau biologique et intelligence artificielle. L'intelligence artificielle réduit l'intelligence à une

gestion quantitative et algorithmique de données. Cependant, derrière toute intelligence artificielle, il y a une intelligence biologique. Peut-on vraiment parler de « jeu » entre l'homme et la machine ? Le véritable jeu est d'aller à la rencontre du mystère de l'autre. Il ne peut y avoir de jeu entre l'homme et l'ordinateur (simulateur d'intelligence) car il n'y a pas la présence de la parole. La simulation d'intelligence n'est pas l'intelligence qui, elle, se pose la question du pourquoi et du comment, alors qu'avec l'intelligence artificielle, nous sommes dans le combien (algorithmes statistiques/corrélation entre les données). L'intelligence humaine est dans la science du pourquoi et du comment. Elle est d'abord la reconnaissance d'un don, elle célèbre le mystère par la louange et la supplication, elle sait se tourner vers l'autre en tant que mystère.

La découverte de l'intelligence artificielle doit être une occasion de retrouver le vrai pouvoir de notre intelligence et de notre corps : nous sommes les premiers hommes de l'humanité à redécouvrir la marche, les choses simples, la grandeur de la vie simple.

En écho à Fabrice Hadjadj, Luc Ferry précise : « Les métiers qui associeront le cœur, la tête et la main ne disparaîtront pas, parce que la machine ne sait pas le faire. Les métiers qui font appel à l'intelligence, aux relations humaines et au savoir-faire matériel perdureront, ainsi du jardinier, du cuisinier, de l'infirmière. »

Dans la Google du loup : le pouvoir des GAFAM

Au travers de son best-seller *Dans la Google du loup*, à moitié essai documenté sur les GAFAM, à moitié roman de science-fiction, la rédactrice en chef des *Échos* et auteur Christine Kerdellant fait une sévère mise en garde des dangers de l'intelligence artificielle. Voici un résumé de son intervention lors de notre université d'été :

Sans remettre en cause les avancées technologiques, qui sont utiles à l'homme, ce que je vais montrer c'est que, aujourd'hui, comme les autres GAFAM, Google est une entreprise à caractère totalitaire qui menace les citoyens, dans leur vie privée, les entreprises, tuées par pans entiers (et pas seulement les médias) et s'attaque aussi aux États, notamment en ne payant presque pas d'impôts. Google, ou plutôt ses dirigeants, porte quatre dangers majeurs dans son développement :

– Bien plus qu'un moteur de recherche, il se voit comme un Dieu qui va tuer la mort (des riches).

– Il considère que la vie privée est une anomalie et la surveillance individuelle inévitable.

– Il est le leader de l'intelligence artificielle (IA) qui pourrait décréter un jour l'homme inutile.

– Champion des paradis fiscaux, il peut faire vivre ou mourir ses concurrents.

Au-delà de cette société, la plus emblématique et agissante des GAFAM, la question qui se pose et qui m'anime est : « Faut-il avoir peur de la société du numérique ? »

Sans, loin de là, prôner de s'enfermer dans une cabane sans électricité, je réponds positivement à cette question car les dangers vont bien au-delà de ce que vous imaginez, au point que ce même Bill Gates tire le signal d'alarme quant à ce qui se prépare avec l'IA dont sa société, Microsoft, est un acteur majeur. Je ne veux pas juste vous faire peur mais aussi vous indiquer des pistes et des solutions.

Un transhumaniste aux commandes de la recherche

Voici tout d'abord Ray Kurzweil : c'est le directeur de la recherche chez Google. C'est surtout une sommité du transhumanisme, un génie des réseaux neuronaux. Initialement ingénieur en théorie de l'information, chercheur au MIT, ce spécialiste mondial de l'IA est également conseiller scientifique de l'armée américaine. Il a cofondé la Singularity university financée par Google et la NASA qui vise à « éduquer les leaders aux technologies exponentielles pour répondre aux défis de l'humanité» et qui a reçu beaucoup de patrons français ces dernières années.

Ray Kurzweil absorbe quotidiennement une centaine de pilules (pour un coût de six mille dollars) pour augmenter son espérance de vie et tenir, grâce à la révolution biotechnologique à venir, jusque vers 2045, époque où, selon lui, il sera possible de vivre indéfiniment en «*uploadant*» son cerveau, sa conscience, sur un disque dur, transférable dans un robot! Pour lui, l'IA hybride est la prochaine étape d'une évolution commencée il y a deux millions d'années avec l'augmentation du volume de la boîte crânienne.

Ce n'est pas un fou: Google, une des entreprises les plus puissantes du monde, gagne plus de vingt milliards de dollars par an pour ses recherches. Ses fondateurs, Serguey Brin et Larry Page, sont «solutionnistes». Pour eux, la technologie va résoudre tous les problèmes de l'humanité: faim, accidents de voiture, violence, maladies incurables, y compris la mort! L'immortalité est accessible, d'abord en supprimant le vieillissement et les maladies, puis en téléchargeant les consciences sur des disques durs.

Après l'homme «réparé», l'homme «augmenté» puis l'immortalité – Le transhumanisme se veut la poursuite de l'humanisme de la Renaissance avec des moyens techniques, financiers et scientifiques dont personne n'imagine les implications en particulier dans le domaine de l'«IA forte». Celle-ci correspond au point de «singularité technologique» qui marque le moment ou l'IA dépassera l'intelligence humaine et aura conscience d'elle-même.

En attendant, on se contente de l'homme «augmenté», à différencier de l'homme «réparé». Ce dernier existe au moins depuis 1268 (première paire de lunettes en Angleterre) mais il devient un homme «augmenté»: chacun de nous a sur lui des pièces de rechange qui pourraient déterminer son âge partiel (mon genou a 2 ans, mon sein a 10 ans, mes premières couronnes ont 30 ans). Un changement de cristallin, à 72 ans, pour cause de cataracte, peut rendre une vue parfaite à un myope congénital. Bientôt, avec le cœur artificiel de Carmat, vivre deux cents ans ne sera qu'une question de maintenance et ensuite on pourra s'hybrider avec des machines pour atteindre l'immortalité.

Big Brother dépassé par la technologie – Vous en avez rêvé, Google l'a fait. Un jour, vous ne pourrez plus mentir à votre conjoint qui pourra vous demander de lui projeter en replay les images enregistrées par votre œil en son absence. Car Google a déposé un brevet d'implant oculaire, remplaçant le cristallin non seulement pour corriger les problèmes de vue mais aussi pour être une lentille de contact intelligente capable d'envoyer des images à un appareil connecté à Internet. En quelque sorte des *Google glass* invisibles, aptes à prendre en permanence photos ou vidéos et surtout une arme de destruction massive de l'intimité.

Ils veulent aller encore plus loin. En 2004, Larry Page, alors sans langue de bois, déclarait déjà : « Google sera inclus dans le cerveau [...] quand vous penserez à quelque chose, il vous donnera automatiquement la réponse. » Le télécran de Big Brother dans *1984* (G. Orwell) est battu, Google sera à l'intérieur de vous, vous n'aurez plus de pensées cachées pour lui.

L'eugénisme, déjà à la portée de l'IA – Après *1984*, il faut aussi relire *Le meilleur des mondes* d'Aldous Huxley car Google envisage de participer à l'eugénisme, au travers d'une de ses filiales, la start-up 23 and me. Celle-ci a déposé en 2006 un brevet pour faire des enfants sur mesure grâce à un tri d'embryons réalisé avec l'aide de l'IA.

Cela va beaucoup plus loin que l'actuelle élimination de 98 % des enfants trisomiques prédictifs, car il s'agit de fabriquer des enfants à la carte. Les vives réactions des bioéthiciens ont évité sa commercialisation, alors, en attendant, 23 and me vend des analyses ADN détectant les risques médicaux comme les mutations génétiques potentiellement transmissibles. Si certains de ses pronostics comme le cancer ont été interdits aux États-Unis après des vagues d'ablations préventives du sein par des femmes « à risque », le test, réorienté sur la description des origines, est vendu cent vingt-neuf dollars et lui permet de constituer et de commercialiser la plus grande base d'ADN humain du monde.

À terme, empêchera-t-on les parents de choisir pour leur bébé la couleur des yeux, des cheveux, une santé parfaite, voire leur QI ? Les enfants « bio » (normaux, donc moins forts, moins sains), à qui on aura cruellement refusé ce progrès, se feront traiter de chimpanzé. Les entreprises voudront des gens triés, augmentés par sélection génétique… ou, grâce à la notation sociale, comme en Chine.

La destruction de la vie privée – En Chine, 1,4 milliard de citoyens vont être suivis individuellement, constamment identifiés et notés grâce aux moyens des BATX (Baidu, Alibaba, Tencent et Xiaomi, homologues locaux des GAFAM), fondés sur la reconnaissance faciale utilisant cent soixante-dix millions de caméras. Un système de crédit social fusionnant les données des administrations, des banques ou des réseaux sociaux permettaient, dès 2020, de distinguer les citoyens les plus fiables et de sanctionner les autres pour la moindre infraction.

Évidemment, l'État français ne le fait pas. Accepterions-nous de devoir porter une petite boîte qui révèle nos faits et gestes et nos pensées ? Pourtant, c'est déjà possible avec votre Smartphone, et cela ne choquerait pas les « milléniums » qu'aucun scandale n'a détourné de Facebook. D'ailleurs, Vinton Serf, « *chief evangelist* » chez Google, considère que la vie privée n'a été qu'une parenthèse de l'histoire liée au développement de l'anonymat dans les grandes métropoles du XXe siècle.

Une intelligence qui nous évite de penser – L'IA repose sur trois éléments : de grosses capacités d'analyse, des algorithmes et beaucoup de données pour les entraîner. L'augmentation de la puissance des machines et des bases de données la rend plus performante et elle est utile pour rendre les objets et services plus intelligents comme par exemple les robots profs de sport dans les maisons de retraite. Après l'électricité qui a réduit les efforts physiques, l'IA réduit les efforts intellectuels et peut être intégrée dans tous les produits (pompe, voiture, etc.), même les journaux sans journaliste comme le site d'informations *Knowhere* qui parcourt des milliers de sites et rédige des articles « impartiaux » en plusieurs versions de tonalité différentes sur des faits corroborés par plusieurs publications.

Embarquée dans toutes sortes d'objets qui obéiront à la voix, l'IA pourra aussi vous conseiller, vous prescrire, trouver le conjoint idéal et faire vos achats en s'appuyant sur vos goûts et vos vœux pour vous isoler dans un « technococon » craintif comme le font les réseaux sociaux pour votre information.

Le grand public ne craint que les improbables robots tueurs vus au cinéma type *Terminator*, qu'il confond avec les armes autonomes télécommandées déjà en service mais sans intelligence et dont il suffit de maîtriser l'autonomie de décision. Mais la menace vient plutôt de l'IA connectée à Internet qui pilote déjà les flux financiers, les objets connectés ou la distribution d'électricité.

La seconde ère robotique que craint Bill Gates et sur laquelle travaille Google est en effet celle de l'« IA forte » qui a conscience d'elle-même et pourra s'affranchir de son concepteur, voire lui nuire. Il faudra plusieurs décennies encore pour qu'elle existe, si toutefois elle voit le jour car pour les experts comme Luc de Brabandère, l'essence de l'intelligence dans ses multiples dimensions est d'être humaine. L'ordinateur peut aider à trouver une information, analyser la direction des choses mais ne peut en comprendre le sens. Le robot privé de goût, d'odorat, de toucher et surtout de sens commun sait reconnaître l'image d'un chien mais au contraire d'un enfant de cinq ans, ignorera qu'il ne vole pas tant qu'on ne le lui a pas appris. Pour d'autres, la connaissance ne sert pas à grand-chose sans l'imagination, propre à l'homme. Pour eux, l'intelligence artificielle est un oxymore.

Le progrès peut-il être sage ? – Comment allier progrès et sagesse et empêcher les dérives de la technologie ? Kant disait : « Le ciel étoilé au-dessus de ma tête et la loi morale pour moi. » Le courant Tech for good promeut les technologies pour une société plus inclusive, bonne pour l'environnement, les enfants malades ou les villages africains au risque de tomber dans le « goodwashing » mais cela ne suffit pas et la priorité est de bâtir un projet de société à partir d'une grande réflexion collective.

Que peut-on faire à ce stade ? – Protester vigoureusement car Google se préoccupe de son image, dont dépend son hégémonie, et recule quand elle est menacée (*Google Glass*, 23 and me, collaboration avec le Pentagone). Renoncer à certains algorithmes notamment les algorithmes prédictifs en matière de justice qui remplacent les juges et enferment l'homme dans un destin statistique et le déterminisme social. Votre avenir dépend de votre passé et, pire, de celui de ceux qui vous ressemblent.

Choisir des technologies européennes notamment celles qui par éthique utilisent l'IA en local sans utilisation du cloud. Ainsi, le moteur de recherche français Qwant ou Snips qui assure une commande vocale des objets sans passer par des assistants proposés par les GAFA comme intermédiaires. En effet, ceux-ci se substituent aux marques et captent toutes les données dans leur cloud aux dépens de la souveraineté des marques et des citoyens dont ils prennent peu à peu le contrôle. Il faut se réapproprier nos données en utilisant les alternatives éthiques européennes.

Découper, démanteler Google que son leadership dans tant de domaines rend juge et partie, ce qui lui a déjà permis de tuer beaucoup d'acteurs dans le domaine du tourisme. Cela avait été fait pour la Standard Oil de Rockefeller et envisagé pour IBM et Microsoft. Ces derniers ont préféré ouvrir leur plateforme ou leurs logiciels à la concurrence, donnant un vrai coup de pouce à la technologie d'aujourd'hui. Il faut encourager le travail entamé par la justice pour attaquer les abus commis par les GAFA.

Utiliser la Constitution : Mark Zuckerberg compare Facebook à un service public, Google, gratuit et hégémonique est un monopole de fait ; or, notre constitution dispose que « tout bien, toute entreprise dont l'exploitation a ou acquiert les caractères d'un service public national ou d'un monopole de fait, doit devenir la propriété de la collectivité ». Tirons-en les conséquences.

Nous n'avons pas le pouvoir mais détenons collectivement la puissance de décider ; car si on n'arrête pas le progrès, on peut en faire un projet de société. Je vous laisse méditer sur cette phrase de Jean-Jaurès : « Le progrès de l'humanité se

> mesure aux concessions que la folie des sages fait à la sagesse des fous. »

Le monde de l'entreprise est ainsi confronté à de multiples changements, qui affectent son organisation, sa philosophie, son utilité. Pouvons-nous imaginer une entreprise qui serait réconciliée avec ses parties prenantes : salariés, clients, fournisseurs, environnement ? De nombreux chefs d'entreprise se sont posé la question et expérimentent des modèles qui vont dans ce sens, comme celui de l'entreprise dite « libérée ». Mais libérée par qui ? Et pourquoi ? C'est ce que nous allons découvrir dans le prochain chapitre.

3

Vers une entreprise réconciliée

L'entreprise libérée : mieux responsabiliser les salariés

9 % des salariés engagés

9 % des salariés sont engagés[1] dans les entreprises, en France… contre 21 % en Allemagne, nous dit le professeur Isaac Getz, professeur de management et de leadership à l'ESCP Europe.

Le constat est quelque peu inquiétant, surtout lorsque l'on apprend que 65 % des salariés sont désengagés – ils sont bons exécutants, mais pas plus et, plus inquiétant, 26 % des autres salariés sont activement désengagés : ils démontrent chaque jour leur désengagement et leur malheur et veulent le partager auprès des engagés ! Comment expliquer ce taux de motivation médiocre ?

Isaac Getz prend la métaphore de la fleur : si une fleur n'est pas belle, c'est la faute du jardinier ! Elle a besoin d'eau, d'engrais, de minéraux. L'être humain a un potentiel, comme la fleur.

Pour réaliser ce potentiel, ses besoins doivent être satisfaits. Isaac Getz voit trois étapes à franchir, pour trois besoins prioritaires des êtres humains : l'égalité, le développement personnel, l'auto-direction.

---

1. Les chiffres datent de 2016 ; le taux a encore baissé en 2023.

L'égalité intrinsèque

Le manager doit créer un environnement qui respecte et qui fait confiance aux autres, car les salariés ne veulent pas être traités moins bien que les autres. Dans l'armée, les Forces spéciales fonctionnent de cette manière. L'inconvénient, c'est que le manager répond au problème au lieu de laisser le collaborateur trouver la solution. Il doit plutôt lui dire : « J'ai confiance, tu trouveras » et ne pas lui donner la solution, elle doit venir de lui.

Isaac Getz nous raconte sa rencontre, il y a quelques années, avec un entrepreneur qui a fait fortune à Hong Kong et racheté un vignoble en Californie. Son but : faire d'un vignoble inconnu, un vignoble exceptionnel, classé dans les cent meilleurs mondiaux. Pour y arriver, la qualité des vins ne suffit pas : il décide d'embaucher les meilleurs collaborateurs, de leur donner de bonnes conditions de travail et la liberté pour exprimer leur art. Fidèle à sa conception du management, dans laquelle le patron doit laisser ses collaborateurs prendre les décisions par eux-mêmes, il passe la majorité de son temps à la pêche ! Un jour, son maître de chais l'appelle, très inquiet :

— Le taux d'alcoolémie des raisins s'annonce trop élevé.

— Oui, dit le propriétaire, et ensuite ?

— On va être obligé de faire des vendanges vertes, répond le maître de chais.

— Et quelles en seront les conséquences ? répond le patron du vignoble.

— On va certainement perdre 1,5 million de dollars !

— Écoute, lui répond son patron, c'est toi le spécialiste de la vigne, tu es parmi les meilleurs dans ton domaine, c'est la raison pour laquelle je t'ai engagé, moi, je n'y connais rien ; donc, je suis certain que tu vas prendre la bonne décision ; sur ce, je te laisse, la marée remonte et je pars à la pêche !

Que s'est-il passé ensuite? Un peu secoué, le maître de chais a pris la décision de faire des vendanges vertes: il a fallu couper la moitié des raisins, mais la récolte restante a été excellente et a permis au domaine d'être classé dans les cinquante premiers vignobles mondiaux!

Le développement personnel

Il faut donner la possibilité aux salariés de faire ce qui correspond à leur talent. Isaac Getz donne l'exemple d'une entreprise, qui, ayant changé son organisation, ayant trouvé des missions correspondant aux talents des salariés, est passée d'une grande difficulté à une performance inégalée parmi ses concurrents.

L'auto-direction

Les gens n'aiment pas qu'on leur dise ce qu'ils doivent faire: ce sentiment commence très tôt, dès l'âge de 2 ans! L'entreprise a donc tout intérêt à favoriser la prise d'initiative. Isaac Getz montre que l'on obtient la coopération des salariés en leur expliquant pourquoi on doit réaliser telle ou telle mission, pas comment ils doivent s'y prendre pour la réaliser. C'est la démarche adoptée par les entreprises dites « libérées », comme FAVI en France, Harley-Davidson ou Gore aux États-Unis.

C'est parce que la première des conditions pour que les salariés soient heureux est la liberté, qu'Isaac Getz a résumé les initiatives dans ce domaine par « entreprise libérée ». Il s'agit de rendre l'entreprise plus performante en libérant les salariés de la hiérarchie et du contrôle. Gain pour les salariés: ils s'organisent par eux-mêmes, sans procédure complexe à suivre et sans autorisation hiérarchique à demander. Gain pour l'entreprise: elle économise des coûts importants générés par la structure du siège, les services de contrôle et la pyramide hiérarchique.

Intelligence collective

Quentin Druart, spécialiste de la transformation des entreprises, nous raconte comment il a obtenu des changements très significatifs à la tête du SPF, le Ministère des transports belge. À son arrivée, début 2013, l'organisme public – mille sept cents fonctionnaires, dont quatre cent dans le monde – est à bout de souffle ; une enquête de satisfaction interne dûment diligentée révèle un constat alarmant : l'ambiance est délétère, brimades, critiques des collègues, mal-être, etc., sont monnaie courante. Trop de règles anachroniques, une bureaucratie omniprésente (faite de trop de contrôles), impactent son efficacité.

Quentin s'emploie à réformer l'organisme public avec une idée directrice : l'intelligence des collaborateurs et, plus précisément, l'idée que plus les opinions sont nombreuses, meilleure sera la décision, la diversité des opinions compensant le manque d'expertise. Ce processus amène les changements suivants : suppression du pointage, création d'un contexte permettant la confiance (multiplication des échanges et de l'écoute), suppression des bureaux individuels pour favoriser la circulation des informations, liberté donnée aux collaborateurs de choisir leurs projets, objectifs, ordre du jour, accepter l'erreur, etc. La nouvelle ligne du métro bruxellois est entièrement fondée sur ce travail d'intelligence collective. Le rôle du manager devient celui de valoriser le travail des collaborateurs et les responsabiliser.

Bien sûr, ajoute Quentin, les dérives existent : l'entreprise libérée nécessite aussi l'autorité ; elle implique parfois de prendre des décisions dures, s'il y a des opposants à la transformation ; il faut bannir l'injonction au bonheur, dès lors qu'elle n'est qu'une façade, sans fondement. Trois ans après son arrivée, Quentin commande une nouvelle enquête de satisfaction : tous les critères sont passés du rouge au vert ! Pour Quentin Druart, la confiance est le fondement de toute transformation : elle sera l'enjeu de l'entreprise de demain.

Un certain nombre d'entreprises, dans le monde, de tailles différentes, ont également initié une transformation, visant à donner beaucoup plus de responsabilités et d'autonomie à leurs salariés, sans toujours utiliser le terme d'entreprise libérée : Gore ou Harley-Davidson aux États-Unis ; FAVI, Chronoflex, GT Solutions, etc., en France.

Responsabiliser les collaborateurs, leur donner plus d'autonomie et de liberté, mais aussi répondre aux problématiques sociétales et environnementales, ce sont les objectifs que se définissent les entreprises à mission, que nous allons maintenant explorer.

Donner du sens : RSE et entreprise à mission

Les leaders de la pensée écologique peuvent penser, à raison, que la société évolue peu au regard du grand défi environnemental, mais on peut tout de même apprécier la prise de conscience de l'entreprise et de la société tout entière par rapport à la mission de l'entreprise et à ses enjeux écologiques, au cours des quinze dernières années passées.

Nous avons déjà évoqué au chapitre 3 les engagements écologistes de personnalités comme Maud Fontenoy, Pierre Rabhi, etc. L'entreprise, entité vivante, en perpétuelle évolution, saura-t-elle également s'adapter et redéfinir sa mission ? Après les temps heureux des Trente Glorieuses, les années de crise, de chômage de masse et d'inquiétude pour la planète, ont fait émerger le concept de développement durable et de

Responsabilité sociale de l'entreprise (RSE) ou d'ESG (critères d'Environnement, sociaux et de gouvernance).

On ne peut que se féliciter que la mission de l'entreprise, en ce début de XXIe siècle, ne soit plus simplement « faire du profit », mais « être performante et utile pour son environnement ». Bien sûr, toutes les entreprises ne sont pas parvenues au même degré de maturité sur ce plan, mais la RSE, et sa mise en œuvre concrète pour les parties prenantes internes et externes, est devenue au fil des années un sujet de première importance.

Ainsi pour la CAMIF, cette entreprise rachetée par Emery Jacquillat en 2009, qui éditait deux fois par an un très gros catalogue papier de références de produits de la maison et que son repreneur a transformé en un *pure player* internet, ramenant la majorité du sourcing des produits en France. Fondateur de la Communauté des entreprises à mission, des entrepreneurs qui veulent réconcilier performance et RSE, en l'inscrivant dans les statuts de l'entreprise, voici comment il parle de ce nouveau défi :

> La plupart des dirigeants qui s'engagent sur le chemin de la mission ne sont ni des écolos convaincus ni des activistes. Mais ils ont très bien compris l'importance du lien qui existe entre leur capacité à prouver l'utilité de leur entreprise et le profit de demain. Il y a urgence à se mettre en chemin, mais sans précipitation car il faut savoir comment judicieusement procéder pour entamer une transformation profonde des pratiques de l'entreprise, ainsi que de ses modèles économiques et de management[1].

En 2018, la CAMIF devient entreprise à mission. Quinze jours après avoir déposé ses statuts, se profile le Black Friday, un concept importé des États-Unis, une opération commerciale permettant de faire des affaires en or sur Internet, durant

1. Muriel JASOR, *Les Échos*, 24 août 2022.

un seul vendredi. L'opération est déjà un grand succès pour tout ce qui se vend et s'achète sur le Net.

Emery Jacquillat rencontre ses actionnaires et leur annonce sa volonté non seulement de ne pas participer à cette opération, mais de fermer également son site, ce jour-là, pour bien marquer son désaccord à cette opération, qui va à l'encontre de la raison d'être de la CAMIF ! Rappelons que le chiffre d'affaires potentiel à réaliser ce jour-là est très important et que les concurrents de la CAMIF ne sont pas des start-up : Amazon, Alibaba, Cdiscount, etc. ! Deux heures de discussion animées suivent... Emery tient bon et les actionnaires reconnaissent que fermer le site est cohérent. Voici comment il en parle :

> En renonçant au Black Friday (CAMIF, société à mission, a été initialement seule à le faire), nous nous sommes privés du meilleur jour de l'année pour l'e-commerce afin de faire passer notre message en faveur de la consommation responsable, qui est au cœur de la mission de la CAMIF. Seule l'audace permet de résoudre des injonctions contradictoires – entre court et long terme, exigences financières et exigences de la mission de l'entreprise en matière d'enjeux sociaux, sociétaux et environnementaux. Du reste, sur le temps long, ces injonctions se dissolvent puisque cinq ans plus tard, nous avons enregistré 50 % de croissance et avons été rejoints, dans notre opération de boycott du Black Friday, par mille cinq cents autres e-commerces. Au fond, renoncer revient à s'aligner. La CAMIF a aussi renoncé aux produits « grand import » et aujourd'hui 100 % de ses produits (mobilier, literie, linge de maison, électroménager) proviennent d'Europe et 77 % de France et ça c'est unique. Cerise sur le gâteau, nous sommes devenus l'une des marques préférées des Français dans l'équipement de la maison ! Les renoncements d'aujourd'hui sont les profits de demain : il y a urgence à renoncer[1] !

1. *Ibid.*

Leçon intéressante pour les entrepreneurs : la RSE est parfois vue – à tort – comme une unique source de dépenses. La CAMIF a montré que, intégrée à la stratégie de l'entreprise, elle pouvait être profitable à moyen terme. L'exemple de la CAMIF est particulièrement intéressant du point de vue de la cohérence : nous fermons notre site le jour du Black Friday, car cette opération commerciale est contraire à nos statuts d'entreprise à mission.

Une expérimentation concrète d'une société frugale

Une autre initiative très cohérente est née également afin d'expérimenter concrètement la transition écologique et sociale à destination principalement des étudiants. Religieuse, membre de la congrégation catholique des Religieuses de l'Assomption, Cécile Renouard est une spécialiste des responsabilités éthiques et politiques et professeur à l'ESSEC, à Sciences Po Paris et aux Mines de Paris. Constatant qu'il est souvent difficile de développer une vraie approche de la transition écologique au sein des grandes écoles, où la logique de l'« homo economicus » et celle du capitalisme mondialisé restent très prégnante, elle cherche un lieu d'expérimentation pratique.

C'est bientôt chose faite, quand sa congrégation lui cède, en 2017, pour développer ce projet non confessionnel, le château de Forges, situé à quatre-vingts kilomètres de Paris, suffisamment près pour s'y rendre facilement et suffisamment éloigné pour avoir envie d'y passer la nuit. Le lieu – rebaptisé Campus de la Transition – s'inspire du Schumacher College, un établissement du Devon anglais, devenu une référence internationale pour l'enseignement de l'écologie. Cécile y fixe plusieurs buts : s'ancrer dans un territoire ; expérimenter un mode de vie simple et convivial ;

contribuer à une triple transformation quotidienne, structurelle et intérieure au service de la transition écologique, sociale et économique.

Le Campus reçoit des professeurs et chercheurs, des équipes de direction d'écoles et d'universités, des étudiants, soit dans le cadre de formations faisant partie de cursus, soit inscrits de façon individuelle à son programme-phare, le T Campus, lancé avec le mouvement Colibris, durant deux mois. Il cherche à former des formateurs et des personnes en responsabilité, et travaille en réseau : par exemple, il a un partenariat sur plusieurs années pour accompagner CY Cergy Paris Université dans la mise en transition de ses cursus. Avec le collectif FORTES, regroupant plus de soixante-dix enseignants-chercheurs, il a écrit un socle commun de connaissance et compétences pour la transition, le *Manuel de la grande transition*[1] et publie une collection de petits manuels de la grande transition destinés à nourrir les enseignements dans toutes les disciplines.

En plus des cours, des échanges plus ou moins formels entre eux et les personnes de passage, ils participent activement à toutes les tâches nécessaires pour faire vivre un domaine de douze hectares : entretien des potagers en permaculture, cuisine (naturellement bio), et même rénovation des quarante-cinq chambres de ce beau domaine du XVIIIe siècle.

Cette initiative est appréciée, portée à la fois par les étudiants, professeurs, jeunes et moins jeunes de passage, qui peuvent, eux aussi, profiter du gîte et du couvert contre un hébergement, mais aussi par un comité scientifique doté de quelques personnalités reconnues comme l'économiste Marthe Nyssens ou le philosophe Dominique Bourg.

Elle répond surtout à des aspirations fortes de la jeunesse bien formée, qui ne veut plus se contenter de beaux discours

1. Aux éditions Les Liens qui libèrent, Paris, 2020.

dispensés sur les bancs des grandes écoles et des universités et cherche des applications concrètes aux questions environnementales et sociétales, et la formation à des modèles économiques et modes de vie sobres et solidaires à grande échelle.

Bio-mimétisme : suivez l'exemple de la nature !

« À propos de préservation de l'environnement, savez-vous justement qu'un déchet peut être considéré comme une richesse ? » À première vue, cette question est surprenante, mais si elle s'affirmait vraie, elle changerait complètement notre rapport à l'écologie ! L'auteur de cette hypothèse apparemment contradictoire est un neuroscientifique trentenaire, entrepreneur et essayiste : Idriss Aberkane.

En quelques années, il est devenu un excellent vulgarisateur de l'économie de la connaissance, mais aussi le nouveau spécialiste de la « blue economy », un concept initialement développé par l'entrepreneur belge Gunter Pauli, que l'on pourrait résumer par : créer un monde sans déchets. L'idée centrale développée par Idriss Aberkane est la suivante : « La nature est une bibliothèque, lisons-la au lieu de la brûler ! » Elle est beaucoup mieux écrite que nos bibliothèques. Pour lui, l'écologie est rentable : il suffit de considérer qu'un déchet peut devenir une richesse. Sceptique ? Voici un exemple pour vous convaincre, poursuit Idriss :

> Prenons le cas du marc de café : en général, il est jeté. C'est très ennuyeux, car il produit du méthane, cent cinquante fois plus violent que le CO2… Or, on a découvert que le marc de café était un excellent compost pour cultiver les champignons, mais il est cher. À Rotterdam, une entrepreneure a racheté une piscine désaffectée de très grande taille et l'a transformée en une gigantesque champignonnière. Régulièrement, elle fait la tournée des bars et restaurants, pour récupérer les précieux

> déchets, qu'elle transforme en engrais. Sa fortune est assurée! D'autres initiatives ont émergé, pour utiliser dans l'industrie ce produit vertueux, qui tue les odeurs, peut-être tissé, etc.
>
> Un autre exemple, celui d'un coquillage en voie de disparition, illustre bien le potentiel que nous offre la nature: le cône du Pacifique; il est vendu trois dollars sur les marchés indonésiens. C'est un coquillage très toxique en raison de son petit dard empoisonné, mais facile à récolter avec des gants. La toxine de ce petit coquillage sert dans les neurotechnologies. Elle coûte huit cents millions de dollars au kg, soit huit cents dollars le milligramme! En comparaison, l'or coûterait trente mille euros le kilo! Le niveau 0 du bio-mimétisme, c'est d'extraire la substance. Le niveau 1, c'est de la produire nous-mêmes, sans faire exactement comme la nature. Le niveau 2, c'est de la fabriquer exactement comme elle, avec le même processus industriel. Le niveau 3, qui n'a encore jamais été atteint, c'est de reproduire tout l'écosystème. C'est-à-dire intégrer l'usine de production de la toxine avec le récif de corail, de sorte que toutes les usines se parlent entre elles et ne produisent plus de déchets.
>
> Si la nature est pleine de connaissance, que la connaissance vaut plus que l'or, notre univers, la nature, est le nouvel or. [...] La nature représente quatre milliards d'années de recherche et développement! Observons-la, apprenons ses leçons, imitons-la et nous obtiendrons une « blue economy », un monde sans déchets.

Ainsi, Cécile Renouard, par la sobriété et la convivialité, et Idriss Aberkane, par le bio-mimétisme, nous livrent ce message d'espoir, qu'il est possible de vivre en bonne intelligence avec la planète.

Entreprise humaine contre ultra-libéralisme

Nous avons eu l'occasion, au premier chapitre, de comprendre les raisons qui ont changé la physionomie de l'entreprise: déconstruction des valeurs, mondialisation et recherche de taille critique, financiarisation et fragilisation de l'économie. L'entreprise n'a pas toujours eu ce visage. En 2006, un ami me présente à un entrepreneur, Jacques Baratier, qui en avait une tout autre vision: celle des années 1960.

Le pire et le meilleur du XXe siècle

À 85 ans, cet homme tonique, fougueux et infatigable, sillonnait les routes de France, pour défendre sa conception de l'entreprise humaine: il faisait partie de ces témoins de l'histoire, ayant connu à la fois le pire et le meilleur du XXe siècle. Sa première vie, c'était sa vie de jeune, engagé dans la résistance: en Allemagne, muni d'un titre plus ou moins officiel, il cherchait en 1945 à faire évader des prisonniers de guerre et les orientait vers les Anglo-Américains. Un jour, la chance tourne: il est arrêté par deux S.S. de la division « Das Reich » et enfermé dans une ferme en attendant d'être fusillé...

Un officier de la Wehrmacht s'approche pourtant de lui et lui demande en français ce qu'il fait là. « Qu'est-ce que ça peut te foutre, puisque de toute manière, demain, je serai fusillé ! » lui répond-il. Pas découragé pour autant, l'Allemand poursuit la conversation, évoquant son stage dans les Landes, dans une grande société de transformation du bois. Piqué dans sa curiosité, Jacques Baratier lui demande le nom de cette société et finit par apprendre que l'officier allemand a passé deux ans chez son oncle, Jean de Montgolfier, avant la guerre.

Une estime réciproque s'installe entre les deux hommes et conduit l'Allemand à donner à Baratier une carte sommaire où se trouvent les positions des Américains, à seulement 80 km. Après avoir marché nuit et jour, il atterrit dans le bureau du général Mac Gavin, il est sauvé ! À quelques semaines de la fin de la guerre, Jacques Baratier est nommé officier de liaison avec l'armée russe et a l'occasion de libérer le terrible camp de Mauthausen : pour lui, c'est la rencontre avec la barbarie, le pire de ce que l'homme est capable de produire. Miraculé, Jacques sort de cette guerre avec trois convictions :

> La première certitude qui s'impose à moi, c'est le prix de cette vie que j'ai eu la chance inouïe de conserver sauve, et qui m'oblige à ne pas faire n'importe quoi. La deuxième, c'est la foi que j'ai acquise dans la valeur infiniment précieuse de la relation humaine. C'est à elle que je dois d'être miraculé, c'est elle qui a animé l'équipe dont je suis fier d'avoir fait partie. La troisième est qu'il faut tout faire pour débarrasser le monde de ces idéologies qui affirment vouloir le bien de tous et qui conduisent aux pires entreprises de déshumanisation que l'on puisse imaginer.

La deuxième vie de Jacques est consacrée tout entière à l'entreprise, dans le groupe familial Gascogne, dont il gravit rapidement les échelons pour devenir directeur commercial. Membre du comité de direction, il entend parler un jour, à la fin des années 1970, d'un projet de fusion avec la Cellulose du Pin, autre acteur de référence dans le domaine de la transformation du bois. L'époque était déjà représentative de la croyance que plus l'entreprise grossit (par des fusions, par exemple), plus les économies d'échelle sont importantes, ce qui doit se traduire inévitablement par une opération profitable pour le nouvel ensemble…

Jacques étudie à fond le dossier et parvient à la conclusion que la capacité de production du nouveau groupe sera bien supérieure à tout ce que la consommation européenne pourrait absorber et donc, que l'opération serait vouée à l'échec. Ayant réussi à convaincre ses collègues directeurs, il s'envole en Bretagne pour rencontrer son homologue de la Cellulose du Pin, s'ouvrant à lui de ses convictions : plutôt que de poursuivre cette folle idée de fusion, fortement compromise, qui aurait entraîné de nombreux licenciements, les deux comités de direction décident plutôt de créer des alliances stratégiques fondées sur la complémentarité de leurs produits.

Parce qu'ils avaient réfléchi aux répercussions à long terme de leurs premières intentions et surtout sur les conséquences humaines de la fusion, ces personnes avaient évité le pire.

À son départ de Gascogne, Jacques Baratier deviendra le premier président de l'ONG Agrisud International, participant à la création de plus de soixante mille petites exploitations familiales agricoles, principalement dans des pays d'Afrique dépourvus de ressources.

Une gestion humaine de l'entreprise

Pour moi, fort de ses quarante années de vie professionnelle, Jacques Baratier était un vrai militant de l'entreprise, au-delà de la logique du seul rapport patronat/syndicat, ce qu'il définissait de la façon suivante : une gestion humaine qui doit conduire chacun à comprendre que ce n'est pas l'hypercompétitivité qui fait avancer l'économie, mais la concertation entre les hommes. Voici comment il évoquait ce sujet :

> Je peux dire que l'entreprise, dans ces années-là [les années 1960-1970], a été la grande aventure de ma vie ; une véritable rencontre amoureuse, au point que j'affirme volontiers que l'homme, depuis la fabrication de ses premiers outils et la découverte du feu, n'a rien inventé de plus performant pour créer à la fois les richesses dont il a besoin pour vivre et les relations humaines nécessaires à son épanouissement. Et je suis toujours étonné de l'hostilité que suscite le seul énoncé de son nom dans les débats publics ou privés pour une grande partie de la société française.

Il ajoutait que « l'ultra-libéralisme était la négation du libéralisme » et décrétait que nous étions dans la fin d'un système « qui ne se voyait pas mourir »... Jacques Baratier a consacré les dernières années de sa vie à la lutte contre la pauvreté.

Mondialisation contre valeurs traditionnelles

Un autre phénomène va renforcer cette forme de capitalisme débridé, c'est la mondialisation. Pour le philosophe Luc Ferry, c'est la mondialisation qui signe la déconstruction des valeurs traditionnelles que sont les valeurs morales ou éthiques – respect d'autrui, bienveillance, bonté – d'une part, et les valeurs spirituelles : religions ou philosophies d'autre part.

> Afin d'entrer dans la grande consommation au sein de laquelle peut se développer le capitalisme, poursuit le philosophe, il fallait déconstruire les valeurs traditionnelles qui ne peuvent coexister avec l'hyperconsommation. Il fallait donc détruire les anciennes valeurs, pour accéder à ce que nous avons aujourd'hui, cette hyperconsommation dans laquelle le capitalisme se développe. [...] Nous avons bien remarqué que plus la vie intérieure est riche, plus faible est la consommation. La vie intérieure, c'est la sublimation dont parle Freud. Seule la désublimation livrera les enfants à l'hyperconsommation. Actuellement, la vie intérieure s'amenuise ; les professeurs se trouvent face à des valeurs qui se situent à l'opposé de celles de la spiritualité. L'argent est aimable et donc, il séduit, mais il est pervers et dé-constructeur. Il est donc important de retrouver ces valeurs traditionnelles, qu'elles soient morales, éthiques ou spirituelles. C'est le grand défi actuel de notre société.

Une quinzaine d'années après ce constat du philosophe, on ne peut que constater que notre société s'est orientée, au contraire, vers davantage d'individualisme et de repli sur soi. Nous allons voir dans le chapitre suivant, à travers le témoignage de plusieurs personnalités, comment le fait de croire en des valeurs comme la coopération, la bienveillance, l'altruisme, qui sont des sources d'inspiration, pourrait nous aider à changer le monde…

TROISIÈME PARTIE

VERS UN MONDE OÙ SE CONJUGUERAIENT CONFIANCE ET ESPÉRANCE

« L'espérance est un emprunt
fait au bonheur. »
Joseph Joubert

1

Quelles valeurs pour les temps présents?

QUINZE ans après la crise dite des *subprimes*, l'environnement économique n'a pas tellement changé, mais les attentes des salariés, elles, ont fortement évolué. Influence des jeunes générations? Prise de conscience que l'ultralibéralisme, déclencheur de crises, est à bout de souffle? Préoccupations liées à la dégradation de notre environnement? L'entreprise, encore imparfaite, bien sûr, s'est remise en question à travers les sujets sociaux et environnementaux et a commencé une longue mutation vers ce que ce l'on pourrait résumer par « un futur souhaitable ». Et pourtant, reconnaissons que l'ambiance pourrait être meilleure: certes, le chômage a baissé sensiblement dans notre pays, mais la guerre est ré-apparue en Europe, avec des conséquences sur l'énergie, sur la paupérisation des classes moyennes, sans compter les déplacements de population et l'épée de Damoclès climatique toujours suspendue au-dessus de notre tête! Individuellement et collectivement, nous pouvons agir pour le bien commun, pour rendre ce monde plus juste et plus pérenne.

Retrouver la confiance

Fait indéniable: diriger une entreprise, même de taille modeste, est beaucoup plus difficile aujourd'hui qu'il y a vingt ans, tant les crises se succèdent et ne se ressemblent pas. Et le dirigeant doit pourtant garder la tête froide, disposer d'un minimum de confiance en lui et faire confiance à l'avenir : mais pourrait-il faire autrement ? La confiance est en effet à la base du bon fonctionnement de toute organisation, qu'elle soit politique, associative, entrepreneuriale. En voici quelques exemples.

Commençons par un marin, Olivier Lajous. Il a eu la chance d'être le cinquième d'une famille de sept enfants. Olivier voulait faire Sciences Po, mais différents événements rendront ce rêve impossible. Moniteur de voile chaque été pendant ses années de lycée, il passe le baccalauréat, puis entre dans la Marine pour faire son service militaire comme matelot. Au bout de sept mois, un officier le remarque et lui propose un contrat de deux ans en tant qu'officier ; il accepte et restera finalement trente-huit ans dans la Marine, terminant sa carrière comme vice-amiral d'escadre ! Nouvellement promu, le jeune officier se demande quelle est la bonne attitude à avoir vis-à-vis des vingt-cinq hommes qu'il dirige : « Soit tu te la joues, soit tu leur montres que tu n'es rien sans eux et qu'eux ne sont rien sans toi… »

Pour que chacun puisse réfléchir à ce qui allait être leur relation, il leur propose de se présenter et leur raconte ensuite une histoire. Cette histoire, c'est le dilemme du porc-épic, décrit par le philosophe Schopenhauer. Un groupe de hérissons cherche à se rapprocher, afin de partager un peu de leur chaleur, par grand froid ; ils doivent sans arrêt trouver la juste distance entre eux : s'ils se rapprochent trop, ils se blessent avec leurs piquants ; s'ils s'éloignent trop, ils périssent à cause du froid. Le matelot est comme le porc-épic : il doit cohabiter avec d'autres, dans un environnement fermé, pendant plusieurs mois de mission en mer et doit apprendre à respecter l'intimité des autres. La qualité de la relation créée avec ses hommes permettra à ce marin de l'État de diriger de nombreux bateaux, des plus petits aux plus gros et de terminer, reconnu par ses pairs, comme DRH de la Marine, en tant que vice-amiral d'escadre.

Pour Olivier Lajous, la confiance, le courage, l'exemplarité, l'adaptabilité, la sagesse, ont été autant de balises qui l'ont guidé dans sa vie de marin. Nul doute que pour lui, ces valeurs humaines sont indispensables pour réussir à travailler de façon harmonieuse sur un bateau ou dans une entreprise. De la confiance, il dit qu'elle ne se donne pas, ni ne se reprend, mais qu'elle se vit au travers d'une relation sans cesse alimentée par l'écoute et le partage.

Un autre militaire, le général Vincent Desportes, historien et observateur affûté des grands événements de notre histoire, constate qu'il y a vingt ou trente ans, nous devions nous adapter aux crises qui survenaient, battant en brèche les plans savamment élaborés à cinq ou dix ans : depuis quelques années, les crises deviennent si fréquentes que l'incertitude est devenue la norme. Nous devons donc sans cesse nous adapter, ce qui nécessite plus que jamais une organisation adéquate et une confiance dans les personnes qui la composent.

Mais qu'est-ce que la confiance ? Pour Christophe André, psychiatre à l'hôpital Saint-Anne à Paris jusqu'en 2018 où il était spécialiste des troubles anxieux et dépressifs, « la confiance est souvent entendue comme l'estime de soi. C'est un facteur d'équilibre, d'adaptation et d'interaction avec le monde extérieur. Schématiquement, c'est la capacité mentale de se sentir capable de surmonter l'adversité. Avoir confiance, c'est combattre l'évitement et favoriser la réaction. En agissant, on se trompe parfois, mais en ne faisant rien, on se trompe toujours ». Christophe André illustre son propos par des expériences, qui sont d'autant plus pertinentes qu'elles sont mesurées de façon scientifique. Ainsi du test de l'île.

Selon cette expérience, des souris sont plongées dans un bocal aux bords lisses. Ensuite quelques-unes sont transportées dans un autre bocal où se trouve une île leur permettant de se reposer. Enfin, toutes les souris se retrouvent dans un nouveau bocal aux bords lisses et sans île. L'intérêt de ce test réside dans la réaction des souris ayant connu le bocal à l'île lorsqu'elles viennent ensuite dans le bocal sans île. Contrairement à celles n'ayant jamais connu d'île, ces dernières font preuve de plus de résistance, nagent plus longtemps, car elles ont encore en mémoire la possibilité de se reposer sur l'île, ce qui met en lumière le rôle de l'espoir et de l'expérience dans la préservation de la confiance. Cette dernière est donc un mécanisme flexible. Le sentiment de contrôle (ici la possibilité de se reposer sur l'île) augmente la confiance. Ce test démontre que la confiance est un mécanisme flexible qui peut se dégrader ou, au contraire, se renforcer selon l'état mental de l'individu : il a donc un caractère individuel.

L'estime de soi

Pour Christophe André, « l'estime de soi est une sorte d'amitié avec soi-même fondée sur la lucidité. Elle nécessite de bien se connaître, avec ses forces et ses faiblesses ». Il cite William James : « Étrangement, on se sent le cœur léger une fois que l'on a accepté de bonne foi son incompétence dans un domaine particulier. » Il ajoute que plus on a confiance en soi, plus on pourra se focaliser sur l'extérieur plutôt que sur soi. Prenant l'image du bon Samaritain telle qu'elle fut interprétée par Martin Luther King, Christophe André montre l'intérêt de s'oublier un peu pour avoir confiance.

Dans la parabole racontée par l'évangéliste Luc, Jésus évoque l'histoire d'un homme, assailli par des brigands, le laissant pour mort. Trois personnages passent successivement par ce chemin : d'abord un prêtre, puis un lévite, qui évitent soigneusement le blessé, enfin un Samaritain, qui, s'arrêtant, prodigue des soins compatissants à l'inconnu. Le prêtre et le lévite, explique Martin Luther King, ne se sont pas arrêtés, car ils se sont sans doute posé la question : « Que va-t-il m'arriver si je m'arrête ? » Le bon Samaritain, quant à lui, s'est posé la question inverse : « Que va-t-il arriver à ce malheureux, si je ne m'arrête pas ? » Les exemples évoqués par Christophe André sont très parlants : la confiance, l'empathie, voire la compassion, sont des qualités qui transforment une société ou une organisation.

Les clés de la confiance : l'exemple du Danemark

Après avoir occupé des postes à responsabilité dans la communication de grands groupes haut de gamme au niveau international, Malene Rydahl, une élégante quadra aux yeux bleus née au Danemark, mais installée en France, a décidé de consacrer sa vie à expliquer en quoi la confiance et le bonheur sont liés, notamment à travers le système éducatif danois. Interrogés, les Danois déclarent, année après année, le sentiment de bonheur qu'ils ressentent, les classant parmi les plus heureux au monde. Or, le degré de confiance est très important entre eux, puisqu'il est de l'ordre de 78 % (contre 22 % pour les Français…). Plus étonnant pour nous, ils font confiance à 72 % à leur gouvernement (alors que la moyenne se situe autour de 30 % pour les Français, selon un rapport de l'OCDE de 2021). Les Danois font confiance à leur gouvernement, car ils savent que l'argent est bien utilisé, poursuit Malene Rydahl : le Danemark a le niveau de corruption le moins élevé du monde. La France, elle, a quelques progrès à faire, puisqu'elle est classée au 22e rang mondial, sur cent quatre-vingts pays[1].

1. Transparency International, 2022.

L'analyse de Malene est similaire concernant l'entreprise : « Si vous traitez les salariés comme des enfants, ils se comporteront comme des enfants… Il faut arriver à engager le cœur, pas seulement le cerveau. » Malene nous donne un exemple de confiance accordée aux salariés au sein de la société Netflix : considérant que les meilleures idées sont souvent prises en dehors du travail, la politique de vacances se traduit par le choix de prendre des vacances illimitées ! Malene Rydahl résume les clés de la confiance avec ce triptyque : faites ce que vous dites ; traitez les autres comme des adultes ; acceptez l'erreur.

Confiance et stratégie

Xavier Fontanet a dirigé le groupe Essilor de 1991 à 2013, hissant son groupe à la première place mondiale de l'optique ophtalmique. Pour lui, tout repose sur la confiance. « Il faut d'abord que chacun ait confiance en soi, dans les autres, ses collaborateurs ou ses pairs. C'est aussi un apprentissage, celui d'être capable de dépendre d'eux, d'agir en anticipant que l'autre fera bien son travail », dit-il. Ce dirigeant sait de quoi il parle : sous ses mandats de directeur général, puis de président, son groupe a multiplié son chiffre d'affaires par quinze et sa capitalisation par près de cent.

Confiance en soi et en l'autre sont donc des qualités essentielles dans l'entreprise comme dans toute organisation, mais l'ancien dirigeant d'Essilor en ajoute une autre : une bonne stratégie. À partir du moment où tout un chacun sait dans l'entreprise dans quelle direction va la société, l'organisation se met à bouger positivement, les salariés donnent toute leur énergie et s'approprient la stratégie. Pour ce dirigeant connu pour son humanisme et son humilité – « plus vos parts de marché augmentent, plus vous devez être humble », rappelait-il –, la concurrence constitue une source de croissance et d'excellence.

Il raconte l'anecdote suivante : De passage au Japon, en novembre 2005, son concurrent numéro un, le Japonais Sato San, l'appelle pour lui proposer une rencontre, car, dit-il, il a quelque chose d'important à lui dire. Xavier Fontanet est très inquiet : Sato San est le président de la division Vision Care du groupe Hoya, numéro 2 mondial derrière Essilor et devant l'allemand Zeiss. Il est certain, en effet, que le Japonais va lui annoncer qu'il rachète Zeiss, constituant ainsi un numéro 2 extrêmement puissant derrière lui et fragilisant quinze années d'efforts constants pour conquérir le leadership mondial.

Au dîner, Sato, qu'il n'avait jamais rencontré au cours des quinze années précédentes, mais qu'il estimait et suivait de près, lui annonce : « Fontanet, je vais vous annoncer quelque chose d'important, que vous serez le second à apprendre, après mon président… Je pars à la retraite ! » Soulagé, le dirigeant d'Essilor entend son interlocuteur poursuivre : « Je vous connais très très bien, Fontanet ; pendant quinze ans, je vous ai suivi, chaque jour, à travers le monde et tous les jours, je me disais : "Aujourd'hui, je vais casser Fontanet, je vais casser Essilor !" Eh bien, malgré cela, je me sens très proche de vous, plus proche que beaucoup de mes amis japonais ! » Xavier Fontanet, lui aussi ému, lui avoue à son tour que jamais Essilor ne serait devenu un tel groupe sans lui, sans la concurrence acharnée que les deux groupes emblématiques se livraient aux quatre coins de la planète.

La conclusion du dirigeant est simple : la concurrence est souvent mal vue ; pour lui, à condition que chacun se respecte, elle est au contraire une occasion de grandir et de se dépasser. Elle est la traduction en économie du précieux mot de liberté !

Confiance en soi, confiance en l'autre

Confiance en soi et confiance en l'autre sont liées : une autre illustration nous est fournie par la montagnarde qui a dominé l'alpinisme mondial durant plus de dix ans, seule femme encore à ce jour à avoir vaincu en solitaire les Grandes Jorasses, le Cervin et la face nord de l'Eiger : Catherine Destivelle. La grande maîtrise de l'escalade et donc sa confiance en ses capacités ne viennent pas que de son talent et de sa passion pour la montagne : elle s'appuie sur une préparation minutieuse de chaque ascension et essaie d'anticiper chaque situation pour ne jamais évoluer en terrain inconnu.

Ainsi pour l'ascension hivernale de la face nord de l'Eiger, en mars 1992. La complexité de cette course hivernale lui demande une longue préparation avec les meilleurs spécialistes dans leur domaine. Pour maîtriser l'ascension sur glace, elle n'hésite pas à s'entraîner plusieurs semaines dans le Colorado avec le meilleur glaciériste de l'époque, l'Américain Jeff Lowe. Revenue en Europe, elle se lance dans son ascension. Voici comment l'écrivain Thomas Vennin décrit un des passages les plus difficiles :

> Traversée des Dieux, Araignée… malgré le froid qui torture ses mains, Destivelle enchaîne les longueurs à un rythme convenable mais à 18 heures, la nuit s'annonce. Et avec elle, l'heure des doutes qui ressurgissent : « À nouveau, l'idée de bivouaquer me revint. C'était risqué. Il faisait trop froid. […] Si j'attendais debout ou assise que la nuit passe, déshydratée comme je l'étais, je risquais de me geler les extrémités ou, au petit matin, de me trouver trop engourdie par le froid pour repartir. » Elle décide de continuer malgré l'obscurité.

À 22 heures, après dix-sept heures d'ascension intense, elle atteint enfin le sommet. La confiance est donc pour Catherine Destivelle un savant mélange de préparation minutieuse de sa course, en sachant se mettre à l'écoute des meilleurs spécialistes, d'anticipation des risques et d'expériences progressives. C'est comme si la confiance en l'autre agissait sur la confiance en soi.

Confiance et compétence

Le philosophe Charles Pépin a, lui aussi, travaillé sur la confiance. Il distingue trois degrés dans la confiance: le lien entre confiance et compétence, la confiance relationnelle et la confiance mystique.

Lien entre confiance et compétence: il cite le psychanalyste Erik Erikson, selon qui on devient compétent et confiant par la pratique. En jouant six mille, huit mille, dix mille heures de piano, le musicien, à condition d'aimer ce qu'il fait, gagne à la fois en compétence et en confiance. Mais s'il le fait par contrainte, il gagne en compétence, pas en confiance.

Confiance relationnelle: le simple fait de donner sa confiance peut permettre à la personne d'augmenter sa confiance en elle. Charles évoque l'alpiniste Érik Decamp, réalisant une ascension en cordée avec plusieurs personnes. L'une d'elles lui fait part de son appréhension; après l'avoir écouté et lui avoir prodigué des encouragements, il la fait passer en premier de cordée: celle-ci retrouve rapidement confiance en elle. Dans la plupart des cas, le fait de se trouver en tête suffit à redonner confiance au randonneur. Charles Pépin nous raconte également les débuts d'une jeune chanteuse. À ses débuts, cette jeune fille ressemble à n'importe quelle autre, manquant de confiance en elle, mais elle laisse entrevoir en elle de réels talents. Sa rencontre, à 11 ans, avec un nouveau professeur de danse, va changer sa vie. Il lui montre sa singularité dans sa façon de danser et lui confie – en l'accompagnant – l'organisation du spectacle de fin d'année, qui a lieu seulement quinze jours après. Mise en confiance, notre jeune fille réussit parfaitement le spectacle : c'est un succès. Son nom sera bientôt connu d'un bout à l'autre de la planète : c'est celui de Madonna !

Confiance mystique : ce chemin est très bien incarné par Etty Hillesum, une jeune femme qui a vécu pendant la Deuxième Guerre mondiale et est décédée au camp d'Auschwitz en 1943. Cette jeune fille fragile et insatisfaite, transfigurée par la foi, se transforme en une femme pleine d'amour et de paix intérieure, capable d'affirmer : « Je vis constamment en intimité avec Dieu. » Dans le cas de la confiance mystique, la vraie confiance ne réside pas sur ce que je sais faire. Pour Bergson, elle est liée à un élan vital qui trouve sa source dans la nature : le lierre, les arbres… Il faut sortir de soi pour toucher cet élan vital. Pour d'autres, cette forme de confiance mystique et de confiance en la vie, c'est Dieu. La confiance, ce n'est pas être sûr de soi. C'est même le meilleur moyen de se tromper, car on n'écoute pas les autres. C'est plutôt douter, avec un sain rapport au doute.

Courage et confiance en soi

Un autre exemple nous est donné par l'explorateur Stéphane Lévin. Son rêve : expérimenter une nuit polaire, soit au total une expédition de cent vingt et un jours de solitude, cent six jours sans soleil et soixante-dix jours d'obscurité totale, perdu dans le grand nord canadien, par des températures extrêmes, en autonomie totale. L'expérience n'a des chances de réussir qu'avec un entraînement de haut niveau, et une préparation particulièrement rigoureuse. Il commence à Toulouse, avec des efforts gradués, l'amenant à marcher 30 km avec un sac à dos de 75 kg ! Objectif : observer jusqu'où peut aller la résistance de l'organisme. Satisfait, il constate qu'il accomplit des performances supérieures à celles réalisées dix années auparavant (donc lorsqu'il était plus jeune de 10 ans!) lorsqu'il s'entraînait dans le cadre de l'équipe de France de pentathlon militaire.

Le projet et ses nombreuses applications pratiques, la gestion du stress notamment, arrivent aux oreilles de l'Agence spatiale européenne, qui y voit une occasion unique d'expérimentations dans le cadre de ses programmes spatiaux de longue durée, notamment vers Mars. Un des enjeux: la dépression hivernale et les risques de suicide à l'occasion d'un confinement extrême dans l'obscurité, connus dans ces pays aux latitudes hyperboréennes. Après de long mois d'entraînement, sous le contrôle de spécialistes médicaux, il arrive enfin à Resolute Bay (Nunavut). Les Inuits croient bon de le prévenir: « Ton projet est fou, si tu tiens quinze jours, ce sera déjà un exploit! »

S'adapter à l'environnement ou disparaître. De fait, huit jours après, Stéphane est à pied d'œuvre: six cents kilos de matériel et de nourriture déposés auprès de lui, il se retrouve seul, à cent vingt kilomètres de toute habitation, isolé au milieu du « désert blanc », par -20 °C puis rapidement -40 °C, avec pour seuls compagnons deux chiens malamutes et la menace omniprésente de l'ours blanc, un chasseur fantastique, capable de courir à 40 km/heure et de sentir un phoque sous un mètre de glace à deux kilomètres! Autre sujet de préoccupation: le froid. À -30 °C, les gelures surviennent en moins de dix minutes (et en moins de deux minutes à partir de -60 °C avec le vent)!

Notre explorateur insiste bien sur la préparation de l'expédition, en particulier, la préparation mentale et la visualisation. Le moyen? Avant de faire chaque geste, Stéphane s'est entraîné à visualiser celui-ci des dizaines de fois. Dans sa cabane, température extérieure et température intérieure étant équivalentes (soit entre -20 et -45 °C),

Stéphane entreprend de construire un véritable igloo, qui va ceinturer sa cabane de bois : après un mois d'efforts intenses, la « cabane-igloo » est terminée. Bilan ? Il gagne royalement 10 °C en température ! Et comme il nous le dit, -30 °C, ce n'est pas la même chose que -40 °C ! Il ne le sait pas encore à ce moment-là, mais les températures auxquelles il sera confronté atteindront -80 °C, lors d'une sévère tempête !

Un des grands sujets de nos organisations depuis une dizaine d'années est la gestion du stress : c'est l'une des conséquences directes d'Internet, avec ce moyen de communication, les circuits de décision ont été considérablement raccourcis, ce qui génère de la vitesse et donc, du stress. Stéphane Lévin nous en donne un exemple : au milieu de son hivernage, après avoir réparé son éolienne, il se rend compte quelques heures plus tard qu'un de ses doigts a gelé et s'infecte. Il faut faire vite : il décide de s'opérer lui-même, alors qu'il fait -26 °C dans sa cabane ce jour-là.

Appeler son équipe située à des milliers de kilomètres pour qu'elle lui dicte les consignes pour une opération d'urgence, faite par lui-même. Tout cela a été maintes et maintes fois répété, avec une technique de visualisation : « Mentalement, j'étudie différents scénarios de situations de stress et, mentalement, je fais les bons gestes pour appliquer la bonne solution. » Stéphane nous confie que cette technique d'anticipation lui a certainement sauvé la vie à maintes occasions.

Enfin, après soixante-dix jours d'obscurité totale, la lumière réapparaît… Puis le soleil quelques semaines plus tard. C'est l'échéance que s'était fixée notre explorateur pour mettre fin à son aventure, racontée plus tard dans un best-seller : *Seul dans la nuit polaire*. Comment gère-t-on le succès et comment peut-on se réacclimater à la vie « normale » ? Le retour à la civilisation a été dur.

« Je n'avais pas du tout prévu et anticipé les conséquences de la réussite de la mission et notamment de sa médiatisation », nous confie Stéphane. « J'avais changé : je m'étais habitué à ne parler que par bribes, j'avais pris 12 kg, conséquence de mon activité essentiellement sédentaire (surtout les deux derniers mois), même ma vue et mon ouïe s'étaient modifiées (j'avais désormais une vue de 20/10 au lieu des 10/10 habituels !), bref, je m'étais "oursisé" ! »

Arrivant à Toulouse, aussitôt assailli par une foule de gens qu'il ne connaissait pas, après plus de cent vingt et un jours de vie en autarcie complète, il est sollicité pour une conférence de presse. « Comment c'était ? », l'interrogent les journalistes ; lui, visage rougi par le gel, partiellement tuméfié, une barbe de plusieurs mois sur les joues (impossible de se raser avec des coupures sur le visage…), montre ses doigts, à moitié gelés, expliquant qu'il avait tenu à faire des vacations radio dans le froid terrible du Grand Nord, au moins une fois par semaine pour maintenir le contact avec son équipe…

« Voyant les larmes sur leur visage, j'ai senti à l'instant qu'ils m'avaient compris… » Stéphane ne se donnera pas le temps de savourer cette victoire, autant sur lui-même que sur le froid et les ours. Voulant alerter les jeunes sur la fragilité de la planète, il crée quelques mois plus tard avec l'aide de son équipe un véritable programme d'expéditions scientifiques qui, au-delà des trois équipes de six jeunes sélectionnés, profitera à des classes entières de lycées, qui suivront avec passion, les aventures de *Voyageurs des sciences*.

Sportif de haut niveau, Stéphane sait que la réussite individuelle tient autant à la confiance en soi – donc en l'expérience accumulée à force d'entraînements répétés – qu'à la fiabilité de toute son équipe : médecins, amis, sponsors, etc.

La bienveillance

Bienveillance : voilà une vertu que l'entreprise se plaît à s'attribuer… parfois avec excès ! Faut-il avoir confiance (en soi, dans les autres) pour être bienveillant ? Juliette Tournand est une des auteurs-conférencières les plus documentées sur le sujet. Elle s'est référée au célèbre tournoi de la Théorie des jeux dit « du dilemme itératif du prisonnier », remporté en 1979 par le biomathématicien Anatol Rapoport. Un grand jeu des rencontres où chacun est libre de coopérer ou de refuser sa coopération, et choisit sa conduite en ignorant ce que fera l'autre, mais sait que, comme dans la vie, coopérer est une chance de collaboration mutuelle, autant qu'un risque d'amère désillusion si l'autre ne rend pas la pareille : coopérer vous fait gagner trois points si l'autre coopère aussi, zéro si l'autre refuse sa coopération ; refuser sa coopération n'offre qu'un point si l'autre refuse aussi, mais cinq si l'autre coopère.

Comment se conduire dans la durée pour gagner à ce jeu ? En réussissant à accumuler des refus qui rapportent cinq points ? Le vainqueur toutes catégories est au contraire celui qui, par la seule influence de sa façon de jouer, réussit à initier et entretenir la coopération avec… ses concurrents. Sa conduite crée autour de lui, en milieu compétitif, un écosystème coopérant. Un rêve pour nous. Comment fait-il ? Sa stratégie, la plus simple de toutes, n'est hélas pas applicable telle quelle à la vie. Et les organisateurs américains font peu d'efforts pour l'interpréter. Peut-être parce qu'en pleine Guerre Froide, l'origine russe d'Anatol Rapoport soulève autant d'hostilité qu'aujourd'hui.

Mais vingt ans plus tard, apprenant qu'il fut aussi un négociateur de la paix nucléaire, Juliette Tournand voit en Rapoport un esprit capable, dans le tournoi comme face au plus grand enjeu de son temps, de susciter assez de coopérations pour réussir. Un « vainqueur suprême », selon le stratège Sun Tzu, qui « gagne sans verser de sang », gagne de ne pas verser de sang. Pour découvrir son secret, Juliette Tournand étudie sa stratégie si simple sous un angle nouveau en se demandant quelles forces – ou valeurs – animent cette démarche. Empruntant à la pensée mathématique, elle cherche celles qui sont nécessaires et suffisantes pour conduire à cette stratégie, et à elle seule, qui gagne à coup sûr au grand jeu des rencontres. Et en trouve trois.

La bienveillance d'abord, qu'étrangement les organisateurs du tournoi avaient oubliée dans leurs tentatives d'interprétation. La bienveillance d'abord, mais pas seule. Elle est accompagnée de réciprocité, réciprocité de bienveillance donc : bienveillance pour soi, pour l'autre et aussi pour les autres. Enfin, la clarté qui dissipe le flou et écarte le mensonge.

Et ces principes fonctionnent dans la vie. Quand nous adoptons une position bienveillante pour nous-même, pour l'autre et pour les autres, et sommes assez clair pour être lisibles, nous suscitons significativement plus de coopérations. Pas toujours toutes – ce serait tyrannie –, mais assez pour optimiser le potentiel de coopération de notre entourage, et réussir dans la durée. Mais quand il n'y a pas de terrain commun à la bienveillance réciproque et la clarté ?

Dans cette situation, plutôt que lâcher une des trois forces qu'elle a tirées de la stratégie d'Anatol Rapoport dans le tournoi, Juliette Tournand invite à en ajouter une quatrième, la force de la vie : la liberté d'innover. Celle-ci permet de créer un terrain plus favorable. Cette dimension complète le cap du stratège de la coopération, à partir duquel l'auteur-conférencière déploie sa « stratégie de la bienveillance[1] » :

1. Voir son livre : *La stratégie de la bienveillance ou l'intelligence de la coopération*, InterÉditions, Malakoff, 2021.

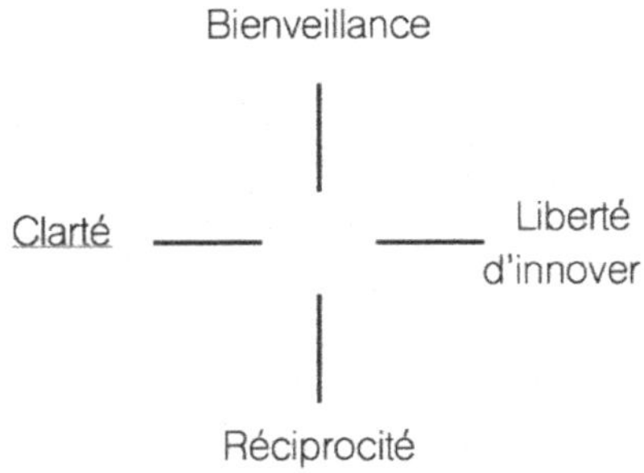

Il est rassurant de constater que la bienveillance, certes pas comme incantation mais comme volonté de résoudre l'équation d'une claire bienveillance réciproque, se trouve au nord de la réussite du stratège – et de tout son entourage.

La bienveillance, au cœur du modèle de l'entreprise

Le mot « bienveillance » est peu employé en entreprise, ou, en tous cas, peu mis en pratique, peut-être parce qu'il devrait plus souvent s'accorder à la notion d'exigence ! Nous avons pourtant eu l'occasion, de recevoir le témoignage, en 2018, de deux entrepreneurs, Clara Gaymard, ancienne haute fonctionnaire et ancienne présidente et CEO de General Electric France, ainsi que Gonzague de Blignières, entrepreneur et financier.

Animés par la même volonté d'aider leur pays et d'accompagner les jeunes entrepreneurs, ils ont, ensemble, fondé RAISE, un groupe d'investissement et d'innovation, pionnier d'une finance responsable et engagée. Cette société d'investissement, qui s'adresse aujourd'hui à des entreprises de toute taille et de tout secteur, des belles PME françaises comme Nature et découvertes aux start-up « tech for good » comme Lixo, est fondée sur un modèle unique de partage de la réussite au service des entrepreneurs: les équipes d'investissement donnent ainsi 50 % de leur intéressement, afin de financer RAISE SHERPAS, une fondation philanthropique dédiée aux jeunes entrepreneurs et fondée sur la bienveillance. RAISE a ainsi levé 1,92 milliard d'euros et sa fondation est aujourd'hui dotée de plus de soixante millions pour aider les entrepreneurs à travers un accompagnement individualisé. Lors de la constitution de RAISE, ils ont renversé tous les codes des sociétés de fund raising en termes de redistribution, de partage, de parité et la performance créée a été inégalée par rapport au marché.

Mouvement pour une économie bienveillante

Persuadés que la bienveillance n'est pas un vain mot dans l'entreprise, les deux associés ont été plus loin encore, en créant en 2018 le MEB : le Mouvement pour une économie bienveillante, une petite révolution dans ce monde financier! Écoutons-les à travers les mots de Clara Gaymard: «Je crois que si l'on partage la réussite, on réussit mieux. L'économie bienveillante, c'est donner une partie de ses ressources, en temps ou en argent, et associer ses salariés à toutes les étapes et activités. Nous voulons donner envie de suivre cet exemple. D'où la création de ce Mouvement pour une économie bienveillante (#MEB).»

Gonzague de Blignières complète: «J'ajouterais que le capitalisme comme on l'a connu ne fonctionne plus et crée des inégalités, ce qui génère du populisme. Aujourd'hui, c'est à l'entreprise de jouer ce rôle de bienveillance et d'intervention publique, comme avec Nature et découvertes qui reverse 10 % à une fondation écologique ou la Fabrique à cookies qui redistribue avec ses salariés tous ses invendus aux sans-abri du quartier.»

L'initiative de Clara Gaymard et de Gonzague de Blignières, tant dans leur société d'investissement RAISE, que dans leur mouvement MEB contribue à changer la mentalité des entreprises et à réconcilier l'homme et l'entreprise. Immédiatement, on peut apprécier les avantages de cette valeur de bienveillance pour le milieu de l'entreprise, trop souvent perçue comme un lieu d'affrontement, régit par la loi du plus fort. Confiance et bienveillance introduisent bien la notion de coopération, que nous allons explorer maintenant.

De la compétition à la coopération

L'homme est un loup pour l'homme

Loi du plus fort, « l'homme est un loup pour l'homme » : qui ne connaît pas cette célèbre formule empruntée au philosophe du XVIIe Hobbes (et qui date probablement de l'Antiquité) ? Cette formule ne justifie-t-elle pas notre comportement dans le milieu du travail, nous donnant un espace de liberté pour faire ce qui nous arrange, même si cela provoque des dégâts collatéraux ? « Tout ce qui résulte d'un temps de guerre, où tout homme est l'ennemi de tout homme, résulte aussi d'un temps où les hommes vivent sans autre sécurité que celle que leur propre force et leur propre capacité d'invention leur donneront[1]. » Hobbes a-t-il raison ?

Afin d'en avoir le cœur net, nous avons invité un des plus éminents éthologues et primatologues actuels, Frans de Waal. Un jour, observant dans un parc semi-naturel la nature, il aperçoit un oiseau qui, apercevant trop tard le bâtiment d'expérimentation, heurte sa paroi en verre et tombe

1. Thomas Hobbes, *Le Léviathan*, 1651.

à terre… Attentif à la scène, un chimpanzé descend de son arbre, s'arrête devant l'oiseau, le prend délicatement dans sa grosse patte velue, escalade son arbre et, arrivé en haut, lance délicatement l'oiseau dans le vide : celui-ci, simplement étourdi, déploie ses ailes et reprend son vol dans l'azur.

Dans une autre expérience, Frans de Waal met en avant le sens de l'équité chez certains mammifères comme le singe. Lors de l'expérimentation, on donne du concombre à deux chimpanzés, aliment qu'ils apprécient beaucoup. Puis, on continue à donner du concombre à l'un, mais du raisin (moins apprécié) au deuxième. Le deuxième chimpanzé reste calme, mais le premier, celui qui a été le plus gâté, s'apercevant de l'injustice, commence à se révolter ! Au-delà de l'équité, certaines expériences ont mis en lumière une forme de solidarité. Par exemple, certains scientifiques ont pu observer que des rats habitués à vivre ensemble ont choisi de sauver l'un des leurs plutôt que d'aller prendre un morceau de chocolat.

Dans *L'âge de l'empathie*, Frans de Waal montre que l'empathie – cette capacité de comprendre et de partager les sentiments d'autrui – n'est pas qu'une affaire d'homme. S'il est l'animal le plus empathique, d'autres sont également capables de ressentir cette émotion. Frans de Waal rapporte ainsi une observation des rapports affectifs pouvant exister entre des animaux sauvages et l'homme.

L'action se passe dans les années 1950, au large du Canada. Des pêcheurs, depuis la rive, remarquent une baleine en grande difficulté, empêtrée dans un filet de pêche. Observant la scène, une dizaine de plongeurs se mettent à l'eau pour secourir le grand cétacé, qui risque de s'asphyxier et de mourir. Arrivés à proximité de la baleine, ils s'aperçoivent avec stupeur que ce sont plusieurs filets qui la retiennent prisonnière. Avec délicatesse et prudence, ils entreprennent de retirer un à un les dangereux filets, finissant par libérer complètement le mammifère. La baleine, ayant retrouvé son équilibre et l'usage de ses nageoires, décrit un large cercle, puis revient s'approcher des plongeurs jusqu'à leur toucher, un à un, la joue, en signe de reconnaissance. Ces différentes expériences démontrent que, longtemps, on a sous-estimé les animaux dans leur capacité à être empathiques, à coopérer et à vivre ensemble.

Nous ne pouvons plus nous cacher derrière les lois d'une nature qui ne serait régie que par la loi du plus fort et la compétition, même si elles existent. Les travaux de Frans de Waal sont également porteurs d'espoir pour le monde de l'entreprise : observons mieux la nature, notre comportement s'en trouvera amélioré ! Le philosophe Michel Authier nous explique que l'entreprise affiche un visage schizophrène, qui inclut tant la coopération que la compétition. Cette contradiction est exacerbée par un climat de défiance, assez prégnant en France, qui accroît le paradoxe entre la conviction du rôle de la coopération et la pratique des organisations qui dit, en fait, le contraire. Pour Michel Authier, travailler, c'est gérer des accidents qui deviennent multiples : un homme seul ne pourra gérer cette complexité ; dans ce contexte, la coopération maintient les acteurs en éveil.

Petite poucette et la transmission

Son ami Michel Serres livre une autre interprétation de « l'homme est un loup pour l'homme » : cette race d'animal, la meilleure des espèces pour son organisation et sa coopération, prend un soin très particulier à élever ses petits pour qu'ils chassent dans un monde sauvage. Comment mettre en pratique une bonne coopération entre les hommes afin de gagner dans un sain esprit de compétition ? Pour bien collaborer et faire travailler ensemble plusieurs générations que beaucoup de choses séparent et qui ne se comprennent pas toujours, il faut d'abord connaître la personne.

Or, l'homme moderne a considérablement évolué et son profil est nouveau, telle « Petite Poucette », nom que Michel Serres donne à une jeune fille rencontrée dans le RER et écrivant des textos avec ses pouces ; il est structuré par le numérique, sa devise est « maintenant » et il n'a jamais connu de vie sans les nouvelles technologies. Il tient en main le monde par l'outil informatique, en ayant accès à d'autres hommes, de l'autre côté de la planète, en simplement quatre intermédiaires. Formulé par des mathématiciens, c'est le théorème du petit monde. Il a également accès à l'information et ceci, dans n'importe quel lieu. Contrairement à Petite Poucette, les hommes de la génération précédente vivent dans un autre état d'esprit ; Michel Serres rappelle qu'autrefois, lorsqu'un professeur rentrait dans un amphithéâtre, les étudiants ne savaient rien au sujet de son cours. Il ajoute :

> Aujourd'hui, l'accès permanent à l'information déforme cette présomption d'innocence et par là même, la formation de la compétence. Le professeur, homme d'autorité au sens étymologique du terme, augmentait le savoir et se portait, seul, garant des connaissances et des compétences de ses élèves. Le monde est en perpétuelle mutation. Avec l'informatique, nous vivons une révolution avec tout ce qu'elle implique comme changements de codes, d'attitudes, tant sur le plan privé que professionnel. Les progrès, dans de nombreuses disciplines, ont été gigantesques : l'espérance de vie s'est allongée de 30 à 85 ans ; dans le mariage, on jurait fidélité pour dix ou vingt ans, maintenant pour cinquante ou soixante. La population mondiale est passée de deux à huit milliards [en 2012]. Alors que l'on croyait l'intelligence formée par la mémoire, l'imagination et la raison, on invente des ordinateurs dont la capacité de mémorisation est phénoménale et qui réfléchissent plus vite que l'homme. Un des problèmes majeurs de notre époque est la transmission du savoir, car elle est devenue

> opaque. Sur ce point, il n'y a pas de méthodes ou de stratégies faciles, à cause d'institutions vieillissantes. Il faut adapter la connaissance, générale, abstraite et globale à la compétence, qui, elle, s'applique à un problème particulier. Alors, dans ce monde qui change, Petite Poucette n'a pas d'autres choix que de coopérer. Ne croyant plus vraiment à la notion d'appartenance à une race, une nation ou un lieu géographique, elle est devenue un individu.

La coopération passe alors par la compréhension des différences, la complémentarité des expériences et des acquis et l'échange ascendant et descendant des plus jeunes avec leurs aînés.

Raviver l'envie et le rêve

En écho au grand philosophe, Clara Gaymard constate que, face à un monde en constante évolution, beaucoup d'institutions sont déstabilisées : la famille se transforme, en politique, on ne sait plus très bien d'où vient et où se situe le pouvoir, l'école peine à se réformer, seule l'entreprise semble garder un cap et une stabilité. Il est donc important de raviver, ranimer la confiance, en rappelant que notre destin est entre nos mains. Mais il faut surtout souligner l'importance du désir ; il faut être habité par l'envie, le rêve et c'est dès le plus jeune âge qu'un travail doit être réalisé dans ce sens, conclut la chef d'entreprise.

Le rêve, cela pourrait être celui d'une société fluide, celle de la générosité et du partage, prôné par le scientifique Joël de Rosnay. Grand surfeur devant l'Éternel, il prend la métaphore de ce sport pour expliquer la vie : à l'image du surf, qui est la seule activité sportive dont la surface se modifie et où le déséquilibre est permanent, nous devons constamment nous adapter. La vie est une vague ! Il faut donc surfer entre les rapports de flux, informations en temps réel: les rapports humains, financiers et spirituels, et les rapports de force, représentés par la pyramide du pouvoir qui inhibe l'innovation, la prise de risque et le lien humain.

L'optimisme à la rescousse de la société

Optimiste de but, pessimiste de chemin

En plus du lien humain, l'optimisme, ou plutôt, la remise en question positive, fait partie des fondamentaux de notre université annuelle, l'université Hommes-entreprises. Les scientifiques ont en effet démontré que pour compenser une impulsion négative, notre cerveau avait besoin de recevoir au moins trois impulsions positives. Imaginez l'effet produit par plusieurs heures de visionnage de chaînes d'info en continu sur le cerveau des téléspectateurs, sachant qu'ils sont des millions dans ce cas! Est-ce pour cette raison que les Français, réputés pour leur qualité de vie, sont parmi les plus pessimistes du monde, devant les Afghans et les Irakiens?

Pour essayer de comprendre ce paradoxe, nous avons fait appel à plusieurs personnalités, bien décidées à faire valoir le bien-fondé de l'optimisme. Parmi elles, le professeur de psychologie et de management Philippe Gabilliet, un des spécialistes de la question de l'optimisme en France et à l'initiative de la Ligue des optimistes de France. Il nous incite à bien distinguer le but et le chemin:

> L'optimiste de but croit en son objectif: par exemple, que son entreprise se sortira de la crise. L'optimiste de chemin décrète: pour y arriver, ce sera facile! Le pessimiste de but est persuadé, à l'inverse, qu'il n'atteindra jamais son objectif. Le pessimiste de chemin va travailler dur pour arriver à ses fins.

Le conseil de ce spécialiste de psychologie est de choisir l'option « optimiste de but – pessimiste de chemin » : j'atteindrai mon but, mais au prix d'un rude labeur... Et il faut éviter si possible la posture à la française qui est d'être pessimiste de but : « on n'y arrivera jamais », et optimiste de chemin : « Mais qu'est-ce que l'on va s'amuser ! » Philippe raconte cette histoire, sous forme d'un conte, qui vient relativiser la notion de chance :

> Un jour, le cheval d'un paysan s'enfuit de l'enclos : quelle malchance ! Pas si sûr, cependant, car le cheval est allé trouver des copains chevaux sauvages et revient à l'enclos avec eux ! Quelle chance ! Peut-être pas, car son fils aîné selle un des chevaux et fait une mauvaise chute, se cassant les deux jambes et restant immobilisé pour plusieurs semaines ! Quelle malchance ! Pas si sûr, car le seigneur local décide de lever une armée pour aller guerroyer, en réquisitionnant chaque aîné de chaque famille !

Et l'histoire pourrait continuer longtemps ! Elle nous montre que nous pouvons toujours tirer parti des événements et que notre force mentale joue un rôle important. En période d'incertitude, Philippe nous donne trois conseils : avoir des buts (quels sont mes objectifs dans la vie ? Quelles sont mes valeurs-clés ?) ; être persuadé que, quel que soit le contexte, il existe toujours une solution quelque part. Pourquoi ? Parce que si on ne se force pas à être mentalement sur une idée de solution, c'est le pari inverse qui s'impose rapidement... ; savoir saisir la chance ou les opportunités, savoir profiter des rencontres, bien utiliser ses talents, oser demander, être attentif aux opportunités, avoir des stratégies d'auto-motivation, ainsi, se souvenir que l'on est unique et que l'on peut s'améliorer tout au long de sa vie, ou encore, accepter de s'aimer : chacun est la personne qui passe le plus de temps avec soi ! Philippe nous incite également à bien utiliser nos ressources et à oser faire des choix.

Être un pont, plutôt qu'un puits

Plus que tout, il convient de cultiver la relation à l'autre, d'être un pont, plus qu'un puits… Je me rends compte à quel point cette notion est importante dans mon travail, moi qui me considère comme un passeur. Une histoire terrible, que l'on prête à Frédéric II de Hohenstaufen, illustre parfaitement cette notion si profondément humaine.

> Au Moyen Âge, l'empereur allemand Frédéric II chercha à savoir quelle sorte de langage et quelle façon de parler adopteraient des enfants élevés sans jamais parler à qui que ce fût. Aussi nous dit, dans sa chronique, le moine franciscain Salimbene, demanda-t-il à des nourrices d'élever les enfants, de les baigner, de les laver, mais en aucune façon de babiller avec eux ou de leur parler, car il voulait savoir s'ils parleraient l'hébreu, le plus ancien des langages (c'est tout au moins ce que l'on croyait à cette époque) ou le grec, ou le latin, ou l'arabe, ou peut-être encore le langage des parents dont ils étaient issus. Mais il œuvra pour rien, car tous les enfants moururent… En effet, ils ne pouvaient pas survivre sans les visages souriants, les caresses et les paroles pleines d'amour de leurs nourrices.

Cette histoire dramatique montre à quel point la relation à l'autre est capitale dans le développement de tout être humain.

Optimisme et humilité

L'écrivain philosophe Éric-Emmanuel Schmitt est un autre fervent défenseur de l'optimisme :

> Au fil de notre développement personnel, nous passons de l'abus de confiance à l'abus de méfiance. L'homme connaît les

> deux états : d'une vie avec du sens et de l'ordre, il passe à un monde absurde où jamais il n'atteint la vérité. « La vie est une maladie mortelle qu'il fallait juste endurer », pour reprendre Albert Camus. Confiance et méfiance ne sont pas des solutions mais des façons d'accompagner le monde. Pour sortir de cet état de pessimisme que nous avons intégré, l'humilité est primordiale : « Il y a des choses que je ne saurais jamais. » Il faut accepter de vivre dans le peut-être, d'habiter le mystère et de cohabiter avec celui-ci avec confiance plutôt qu'angoisse. Faire le deuil de la vérité, ce n'est pas s'arrêter de penser, c'est distinguer le penser du connaître. Nous n'avons de réponses qu'à des questions insignifiantes, tout le reste n'amène que des peut-être. Il faut faire le deuil de la vérité sans jamais arrêter de penser. Comme Kant, il faut distinguer le penser et le connaître. Penser, c'est faire des hypothèses, croire, affiner ses valeurs, alors que connaître, c'est, avec méthode, émettre des hypothèses et chercher à les vérifier, confirmer ou infirmer.

Éric-Emmanuel Schmitt se positionne alors comme fervent défenseur de l'optimisme : « Il est nécessaire de se mettre à distance de ce monde pessimiste et absurde. » Selon lui, la confiance est une vertu, un sentiment volontaire. Elle peut même être comparée à la foi, c'est un rapport de soi au monde qui, avec optimisme, permet d'avancer : « Je ne vois pas l'intérêt de la méfiance. » Pourquoi être confiant ? La confiance est une façon d'habiter l'ignorance, le non-savoir. Ainsi de l'image du verre à moitié vide et à moitié plein : le pessimiste voit ce qui n'est pas. Il voit le verre à moitié vide, l'irréel dans le réel ; il pense que le verre devrait être plein et voit des promesses non tenues. L'optimiste, lui, voit le verre à moitié plein : il note ce qui lui est ajouté.

Pour clôturer son intervention, afin de nous montrer comment notre état d'esprit conditionnera nos actions et nos comportements, l'écrivain nous fait cadeau de son « credo de l'optimisme », composé spécialement pour sa venue à notre université.

Je suis optimiste, parce que je trouve le monde cruel, injuste, indifférent. Je suis optimiste, parce que j'estime que la vie est trop courte, limitée, douloureuse. Je suis optimiste, parce que j'ai fait le deuil de la connaissance, que je sais désormais que je ne saurai jamais. Je suis optimiste, parce que je pense que tout équilibre est fragile et provisoire. Je suis optimiste, parce que je ne crois pas qu'il y ait des progrès automatiques, nécessaires, inéluctables ; je ne crois pas qu'il y ait de progrès sans moi, sans nous, sans notre volonté et notre sueur. Je suis optimiste, parce que je crains que le pire n'arrive et que je ferai tout pour l'éviter. Je suis optimiste, parce que c'est la seule proposition intelligente que le tragique m'inspire. Je suis optimiste, parce que c'est la seule action cohérente que le désespoir me souffle. Je suis optimiste, parce que c'est le seul pari logique que mon esprit peut faire. Si le destin me prouve que j'ai eu raison d'avoir confiance, j'aurais gagné. Et si le destin me prouve que j'ai eu tort, je n'aurais rien perdu, mais j'aurais eu une meilleure vie, plus utile, plus généreuse.

Le pouvoir de la gratitude

L'apanage de l'esprit critique, sport national français, risque de nous faire oublier l'importance de ce simple mot au pouvoir plus important qu'il n'y paraît : merci. Florence Servan-Schreiber, qui a étudié aux États-Unis, notamment la psychologie positive, nous en explique les ressorts. Elle attire notre attention sur le fait qu'être capable de dire merci, donc être attentif à ce qui va bien, demande un effort, car l'être humain est beaucoup plus sensible à ce qui ne marche pas. En effet, dans les temps primitifs, lorsqu'il fallait se garder de l'attaque des grands carnivores, l'homme se référait à son cerveau reptilien, réagissant toujours d'après trois registres : la fuite, la dissimulation ou l'attaque.

Dans toute situation, on peut donc chercher à détecter des bénéfices et de la nouveauté, même dans les petites choses, car l'être humain a cette capacité à s'habituer à tout. Florence Servan-Schreiber nous raconte cette expérience réalisée auprès de deux groupes de médecins, l'un que l'on met dans un état d'esprit positif, l'autre qui est un groupe témoin :

> Les médecins qui ont été mis dans un état d'esprit positif ont utilisé 30 % de plus de leur potentiel de créativité par rapport au groupe témoin, tout en gardant leur précision. Quelle a été l'origine de ce conditionnement positif? On avait distribué à chacun d'eux une sucette ! À l'inverse, une personne de mauvaise humeur est dépourvue de capacité d'association. Le chercheur en psychologie Marcial Losada a constaté que les équipes qui réussissaient étaient celles qui recevaient trois fois plus de compliments que de critiques. Robert Emmons, professeur de psychologie à l'Université de Californie, a voulu mesurer les effets de cette reconnaissance. Avec son collègue Michael McCullough, ils ont fait appel à plusieurs centaines de personnes qu'ils ont divisées en trois groupes. Le premier tenait le journal de ses expériences quotidiennes ; le deuxième, seulement des expériences désagréables, tandis que dans le troisième, chacun devait dresser la liste des événements dont il pouvait être reconnaissant. Dix semaines plus tard, ce dernier groupe présentait l'état général le plus positif, enthousiaste au quotidien et optimiste sur l'avenir. Mieux encore : ces personnes signalaient moins de soucis de santé et prenaient davantage soin d'elles-mêmes, notamment par la pratique d'activités sportives. Robert Emmons a aussi constaté une baisse du niveau de stress, une meilleure qualité du sommeil, une plus grande détermination, une performance accrue et une chute du risque de dépression.

C'est pourquoi, parmi les rituels de la gratitude, Florence recommande de nommer (ou de noter) les trois événements positifs que l'on a vécus dans la journée. Une expérience qu'elle a immédiatement appliquée dans son environnement de travail et à sa propre famille et qui porte encore du fruit : ce sont les trois « kifs » par jour !

Comment l'altruisme transformerait le monde ?

Tout autant que la gratitude, une valeur est rarement citée dans les atouts choisis par l'entreprise : il s'agit de l'altruisme. Nous avons eu la grande chance d'entendre, à Smith Haut Lafitte, un homme qui ne cesse de montrer à quel point cette valeur, cette qualité, pourrait transformer le monde, si elle était appliquée. Le moine bouddhiste Matthieu Ricard intervient régulièrement sur la nécessité de promouvoir un monde plus altruiste, ce concept étant la seule solution pragmatique aux grands défis du XXIe siècle, avec une approche à la fois philosophique et scientifique. L'altruisme, dit-il, c'est accorder de la valeur à autrui, c'est avoir davantage de considération pour lui, pour ses intérêts immédiats, ce qui permettra naturellement de créer des conditions de travail permettant un meilleur épanouissement dans la vie sociale, dans le système de l'éducation et bien sûr, au travail :

> L'un des principaux défis de notre monde contemporain est de réconcilier trois échelles de temps : court, moyen et long. Le temps court, c'est une mère africaine qui doit nourrir ses enfants dans les jours qui viennent, c'est aussi l'économie qui, quoi que l'on en dise, va très vite (les transactions financières et investissements à très haute vitesse sont de l'ordre de la nano-seconde et sont gérées par de puissants ordinateurs). Il y a une échelle de temps moyenne, le moyen terme, à savoir la qualité de vie, dans notre travail, dans la famille, qui s'étend sur une génération. Mais la pression de l'économie tend à faire émerger la valeur de l'argent comme unique but… Si le seul but de l'entreprise est le profit, cela crée un déséquilibre, lui faisant perdre toute sa valeur humaine. Il faut prendre en compte la qualité de vie, qui nous procure un sentiment de satisfaction, de plénitude.

Matthieu Ricard raconte sa rencontre avec une personne à Hong Kong qui lui avoue : « Il y a vingt ans, mon seul souhait était d'être millionnaire ; aujourd'hui je le suis plusieurs fois, et j'ai perdu vingt ans de ma vie. »

> Enfin, il y a le long terme qui est celui de l'environnement et qui concerne principalement les générations à venir. La plus grande violation des droits de l'homme, c'est qu'un petit nombre de gens prend des décisions qui vont affecter fondamentalement le sort de l'avenir de la planète entière, et donc de milliards de personnes et des huit millions d'espèces qui sont nos concitoyens sur cette planète.

Matthieu Ricard cite Steven Forbes : « Je trouve absurde de changer nos comportements maintenant, pour quelque chose qui va se produire dans cent ans. »

> Donc, après nous le déluge ! C'est le défi le plus grand de l'altruisme, car il faut se sentir concernés par l'avenir des prochaines générations même si nous ne serons plus là. Sinon, elles diront : vous saviez et vous n'avez rien fait. L'amour altruiste, la passion, le bon cœur, sont parmi les états profonds, les émotions les plus positives que nous connaissons. La science montre qu'il existe une part du langage sur la compassion et l'amour qui active certaines zones du cerveau liées aux dimensions positives, de la façon la plus puissante qu'on peut enregistrer dans ce genre d'études.

Au cours de ce chapitre, nous avons vu que les valeurs humaines comme la confiance, la bienveillance, l'altruisme étaient importantes dans la réussite d'un projet commun et pour faire vivre une organisation. Ces dernières années, la confiance a été mise à rude épreuve par les crises successives, générant incertitude et repli sur soi. C'est pourquoi nous avons voulu montrer, dans les pages qui suivent, à travers trois témoignages, qu'aller à la rencontre de l'autre, c'est bien souvent découvrir sa richesse et donc, l'accepter.

2

À la rencontre de l'autre, cet inconnu

Perdre du temps, mais s'enrichir de l'autre

En route vers Jérusalem

Dans notre monde occidental, modernité est souvent associée à rapidité. Les grandes innovations de l'homme l'ont maintes fois prouvé : de la diligence à la voiture ou à l'avion, du chemin de fer à vapeur au TGV. Mais est-on bien sûr que cette technologie fondée sur la vitesse soit sans conséquence sur notre relation à l'autre ? Sébastien de Fooz est auteur, conférencier et entrepreneur social. En 2005, pour expérimenter « comment avancer dans un environnement qu'on ne maîtrise pas » et afin de traverser sa propre culture à pied, il décide de relier sa ville natale, Gand, en Belgique, à Jérusalem... à pied !

Il a ainsi marché pendant cent quatre-vingt-quatre jours en direction de l'orient en passant par la Belgique, l'Allemagne, l'Autriche, la Serbie, la Roumanie, la Bulgarie, la Turquie, la Syrie, le Liban, la Jordanie, la Palestine et enfin Israël. Voici son témoignage, simple et émouvant :

> Ce fut un voyage à travers toutes mes peurs pour aller en direction de l'inconnu, vers ce levant. Je pense que le plus long périple parcouru par un homme n'est pas à pied. Le plus long voyage mesure 30 cm : de la tête au cœur, c'est là le voyage le plus difficile. [...] Mais il est vrai que ce voyage

est particulier: c'est une transformation du monde concret vers l'abstrait. Je vais sans cesse dans une zone sans repère, lointaine. On sort de notre cadre habituel et on se retrouve dans une zone où l'on ne maîtrise rien du tout, avec un sac de 14 kg sur les épaules... Au fil des jours, je m'extrais de l'affairisme pour me rendre dans une autre temporalité: c'est ici et maintenant que tout se joue: pas dans le passé, mais ici et maintenant. Ne plus avoir peur de l'inconnu; la plus grande sécurité, c'est de ne pas avoir peur de l'insécurité. [...]

Sur les vingt-deux jours de traversée de l'Allemagne, j'ai eu dix-huit jours de pluie d'affilée. C'est extrêmement dur au niveau mental. Au niveau de la Bavière, je voulais rentrer et tout lâcher, mais l'angoisse du lendemain m'a permis d'être attentif et de remarquer de plus en plus de pierres commémoratives qui indiquaient que des Juifs furent déportés ici.

Je voudrais porter ce petit caillou à Jérusalem – Finalement qu'est-ce qui nous diffère de ces hommes? C'est qu'on leur a volé leur liberté... Je suis arrivé par hasard à Dachau, le jour où l'on fêtait les soixante ans de la libération du camp. J'ai ramassé un caillou par terre et je me suis dit: « Si j'y arrive, je voudrais porter ce petit caillou à Jérusalem. » Je me suis rendu compte que ce voyage, fait pour moi, devenait collectif, que j'allais rencontrer de plus en plus de vies brisées, au fil des pas.

La menace, c'est toujours l'autre – À chaque changement de pays, on me met en garde: « Attention quand tu vas arriver dans ce pays. » On m'a dit, par exemple, de faire attention en Hongrie, car c'est un pays qui émerge, qui vient juste de rentrer dans l'Union européenne [en 2011]. La menace, c'est toujours l'autre. Puis, les Hongrois m'ont dit: « Attention, la Croatie ne fait pas partie de l'Union européenne, il faut être attentif là-bas! » Puis, en Croatie: « Attention, la Serbie, c'est dangereux: il faut que tu loues un homme armé de kalachnikov! » Je n'étais pas à l'aise à l'idée de traverser la Serbie, mais j'étais déjà fier d'avoir traversé l'Europe. Je suis arrivé en Serbie, pays dont on m'a dit du mal et je me suis rendu compte d'une chose fondamentale: on peut comparer la marche à une sculpture. Le marcheur se défait de cette tentation de créer des frontières virtuelles entre l'autre et lui-même en se disant que l'autre est du mauvais côté. C'est un espace de liberté intérieure où l'on accueille l'autre dans sa différence, sans le juger pour sa différence. Je suis dans ce pays extraordinaire où l'on me regarde d'une drôle de façon. On me demande: « Où vas-tu, d'où viens-tu ? » Souvent, on venait à moi et on me disait que je devais faire attention où je mettais les pieds en Serbie, car il restait encore des mines datant de la guerre des Balkans. Je suivais donc souvent le chemin de fer pour éviter la route.

Si tu pries pour moi, je sais que j'existerai à tes yeux – Le 27 mai, le jour de mon anniversaire, j'arrive dans un petit village des Balkans, où je cherche un endroit pour remplir mes gourdes d'eau fraîche. Je rencontre des jeunes qui m'invitent à boire une bière ; ils me demandent d'où je viens. Il y a une bonne ambiance, jusqu'au moment où un des garçons me fait comprendre qu'il est un assassin. Il m'a demandé si je savais ce qui s'était passé à Srebrenica dans les années 1990, où beaucoup de musulmans furent assassinés. En fait, ce jeune avait reçu l'ordre de tirer sur des jeunes musulmans, des plus vieux, des enfants, des mamans, etc. Il m'a donné son t-shirt et m'a confié: « Marche et prie pour moi. Si tu pries pour moi, je sais que j'existerai à tes yeux et je me sentirai moins seul. » Il faut se défaire des anti-valeurs qui restreignent le champ des connaissances…

Après trois mois et trois jours de marche, j'arrive en Turquie. À partir de maintenant, je n'entendrai plus le clocher du monde chrétien, c'est le monde musulman qui bat son plein, mais avec son aspect de fraternité. Dans ce monde de candeur et de fraternité, je suis accueilli partout, pour boire le thé. La Turquie, pour moi, était une sacrée épreuve, car mes craintes ne venaient pas des hommes, mais des distances à affronter au-delà de ces montagnes: au début du haut plateau d'Anatolie, ce sont mille quatre cents kilomètres de plaines arides à franchir sous un soleil de plomb (j'ai traversé la Turquie en juillet et en août). C'est à ce moment-là que j'ai vraiment appris à être seul.

Un point de référence intérieure – Ce qui est assez curieux, c'est qu'au fur et à mesure que j'avance, je ne vois pas de point de référence extérieur. Je cherche donc un point de référence intérieur. C'est ici qu'au-delà de la peur, de nouvelles ressources surgissent qui m'invitent constamment à continuer. Je n'ai pas de mot pour dire à quel point c'était difficile. Mes jambes étaient des stèles d'argile ; l'esprit ne connaît pas de limite mais le corps, lui, en a. À la fin du mois d'août, je prends peur et je me dis que si je tombe là, je suis un homme mort. J'ai perdu 14 kg en cours de route, je sentais que mes jambes ne me portaient plus. Je me disais : si tu tombes ici, c'est fini, personne ne viendra te chercher. Étonnamment, c'est comme si cette peur intérieure se traduisait en un danger extérieur.

Au moment où je doutais le plus de moi, je vois au loin des chiens de berger anatoliens qui m'arrivent à la taille, portant des pointes de 5 cm au cou pour éviter de se faire attaquer par les loups. Avec un dernier effort, je repousse ces chiens, je hurle, je suis à bout et je tombe à genoux, je n'attendais plus rien... Je me sentais bien, finalement, dans cet état de désespoir. Au loin, j'entends le chant du muezzin, je ne savais pas si je rêvais... Avec mes dernières forces, je me traîne à l'entrée de ce petit village. Un homme m'attendait et m'a fait signe de le suivre. Cet homme m'a entraîné à l'arrière de la mosquée où il y avait à manger : il m'a fait signe de boire, de manger, mais c'est lui qui m'a nourri, car je n'avais plus de force.

Il a attendu que je reprenne des forces pour me parler : il parlait bien allemand, il m'expliquait qu'à 1 heure, il était en haut de son minaret, en train de prier et qu'au loin il a vu quelqu'un qui s'approchait. Il a cru que c'était son fils qui revenait, mais ce dernier ne pouvait pas revenir, car il s'était donné la mort trois ans auparavant... Il avait 31 ans comme moi. Au moment de se dire au revoir, c'était très dur. Là, pour la première fois, je sentis des larmes qui coulaient sur mon visage : des larmes de grande joie. Quelque temps plus tard, j'arrive en Syrie.

Le sentiment de marcher depuis toujours – Quand je disais que je me rendais à Jérusalem, les musulmans me demandaient de marcher pour eux, car les Syriens n'ont pas l'occasion de se rendre en Israël. J'ai, à ce moment, le sentiment de marcher depuis toujours. Le pèlerin, pour arriver à son objectif, n'emploie que sa vulnérabilité. C'est grâce à elle que le lien se fait, peu importe l'endroit : mosquée, monastère… J'ai traversé le désert. On m'a dit qu'il y avait un monastère après les montagnes, où je pouvais aller pour la nuit. La nuit s'installe et je marche toujours, même si j'ai quitté le sentier sécurisant. Au milieu de la nuit, j'arrive au monastère de Mar Moussa. Je franchis Deraa, je suis obligé de passer par la Jordanie, car la frontière entre Israël et le Liban n'est pas évidente. J'ai dû passer par le Jourdain.

Je dépose ce caillou ramassé à Dachau – Après cent quatre-vingt-quatre jours, je n'arrive pas à le croire : j'arrive à Jérusalem. Je porte le t-shirt du Serbe et je me rends compte que je ne suis pas arrivé tout seul ici : c'est grâce à toutes les personnes que j'ai rencontrées que je suis arrivé là, le 2 octobre : dernier jour du Ramadan pour les musulmans, dernier jour de la Roch Hachana pour les juifs. Je m'approche du Mur des lamentations, je m'agenouille et je dépose ce caillou ramassé à Dachau près du mur… C'est un moment très dense et très fort. Un homme met sa main sur mon épaule et me regarde sans rien dire. Je le vois encore dire oui de la tête, comme s'il savait d'où je venais. Cet homme venait d'Anvers, à quelques kilomètres de ma ville natale ! Ce que je peux dire finalement : ce voyage est un voyage de cent quatre-vingt-quatre jours, mais aussi cent quatre-vingt-quatre visages qui m'ont démontré la complexité de notre monde, ce qui nous oppose et ce qui nous unit ; mais ce qui nous unit est tellement plus grand que ce qui nous oppose…

Sans aucun doute, Sébastien nous montre, à travers ce voyage plein de surprises et d'émotions, que la rencontre est presque toujours un bienfait, à condition que l'on fasse confiance, a priori et que l'on soit un peu curieux.

« L'autre » est une richesse

Faire du sur-place pour mieux avancer

Un homme jeune, en complet veston, est assis tranquillement en équilibre, sur le guidon de son vélo de piste, perché sur une double estrade... et nous parle d'équilibre, de psychologie cognitive (c'est sa spécialité) et de gestion du stress ! Devant lui, la foule de décideurs de notre université Hommes-entreprises suit attentivement les propos du jeune homme, tout en redoutant la chute probable de cet énergumène, mi-casse-cou, mi-professeur de psychologie positive !

Clément Leroy n'est pas n'importe qui : à 31 ans, il est déjà quintuple champion du monde d'équilibre à vélo. Un soir de Noël, il décide d'aller voyager avec une idée simple : financer les frais de son voyage par un spectacle d'équilibre à vélo. Tous ses amis le découragent et, de fait, il ne trouve aucun soutien financier. Il ajoute alors une difficulté, en essayant de dormir chaque soir chez l'habitant, de façon à être nourri et logé. Pour Clément, ajouter une difficulté est un moyen de susciter un regain d'intérêt et de renouveler la motivation, permettant souvent au projet d'aboutir. Fort de cette nouvelle idée, il met le cap sur la Norvège, où il passera quarante nuits chez l'habitant, le gratifiant chaque fois de son numéro incroyable d'équilibre à vélo !

Puis, c'est le tour du Japon. Ayant appris par cœur un vocabulaire de base, permettant d'expliquer les rudiments de son spectacle et ce qu'il souhaite proposer en échange, le voilà à la conquête du pays du soleil levant. Il va alors rencontrer une équipe de télévision qui va l'accompagner durant quatre jours au début de son voyage. Il comprend alors grâce à la traductrice que les Japonais refusent de lui ouvrir leur porte car à leurs yeux il ne fait pas assez pitié ! Il va donc faire évoluer sa présentation pour être très clair sur sa demande. Il va ainsi prendre conscience de l'importance de se mettre au niveau de l'autre. Les Japonais, touchés par son envie d'apprendre leur langue, vont l'accueillir très facilement. Par ce moyen original, Clément visite ainsi vingt et un pays, passant plus de trois cent cinquante nuits chez l'habitant, sur quatre continents.

La performance d'équilibriste est à chaque fois une nouvelle occasion pour Clément de parler de ses sujets de prédilection : le stress occasionnel peut améliorer les performances ; le stress en continu est destructeur. L'enthousiasme (dont notre professeur est largement pourvu !) est un bon moyen d'entraîner les autres dans un projet. Donner du temps à ses collaborateurs, savoir les encourager sont deux ressorts puissants pour stimuler la performance de l'équipe. Il faut accepter ce qui ne peut être changé pour concentrer nos réflexions et nos actions, là où ça en vaut la peine. Ce sont des conseils dont nous avons conscience, mais que nous ne mettons pas toujours en pratique, toujours avec les meilleures raisons du monde. En tout cas, la démonstration de notre champion du monde est claire : la confiance en soi et en l'autre est une clé pour partir à la découverte de l'autre, cet inconnu, pour mieux le connaître et le comprendre, et apprendre sur soi.

Un périple de plus de quatorze mille kilomètres !

Notre troisième témoignage vient d'un couple d'écrivains voyageurs. Malgré son milliard d'habitants, ses richesses naturelles, l'Afrique est souvent encore considérée comme un continent pauvre. Il est donc évident que de nombreux défis sociétaux et environnementaux sont à relever. C'est dans cette perspective que s'inscrit l'aventure d'Alexandre et Sonia Poussin.

Ils sont partis en 2001, en guise de voyage de noces, à la conquête de ce continent, en remontant toute sa côte est, le long du Grand Rift, à partir du Cap jusqu'au lac de Tibériade, un long périple de près de quatorze mille kilomètres, entièrement à pied, ce qui représente plus de dix pays traversés! Le projet est ambitieux et symbolique: en remontant l'Afrique depuis Le Cap (Afrique du Sud) jusqu'à Jérusalem (Israël), Alexandre et Sonia Poussin veulent mettre leurs pas dans ceux des premiers hommes et retracer l'histoire du phénomène humain. Depuis l'australopithèque jusqu'à l'homme moderne quittant le berceau de l'humanité pour se répandre aux confins du monde, ils retracent la marche du temps, de l'aube de l'humanité à nos deux mille ans d'histoire qui s'enracinent à l'extrémité du Grand Rift, le tout en trois ans.

Au cours de ces trois années et quelques de marche, Alexandre et Sonia ont pu aller à la rencontre de l'autre, dans une dimension inédite: là où l'Occidental arrive en général en 4×4, pressé, avec quelques liasses de dollars, ils cheminaient à pied, espérant chaque soir une rencontre salvatrice en croisant un nouvel inconnu, si lointain, si proche. Et à l'arrivée, la moisson est riche en humanité. C'est aussi une leçon de courage, de dépassement de soi: dans son best-seller *Africa Trek*, Alexandre raconte les joies de la rencontre, le don et la joie des familles les plus pauvres qui les accueillaient, mais aussi les dangers d'un périple aussi long en totale autonomie, la soif des déserts traversés, les rivalités inter-ethniques, la crainte des serpents venimeux ou des lions et la malaria qui a failli les emporter… Nul doute que ces centaines de rencontres pleines d'humanité les ont vaccinés contre la suffisance, voire la condescendance dont nous sommes parfois capables vis-à-vis des Africains.

Tour de Madagascar… en charrette

En 2014, ils se lancent dans un nouveau projet, avec une famille agrandie – Philaé et Ulysse étant nés entretemps –, c'est l'aventure « Madatrek », un tour de l'île de Madagascar, avec une charrette, tirée par des zébus (chez les Poussin, on ne plaisante pas avec le développement durable, ni avec la qualité : la charrette est entièrement construite sur place, avec les matériaux, par Alexandre lui-même). Constatant assez rapidement que Madagascar est encore plus pauvre que tout ce qu'ils avaient imaginé (et déjà rencontré en Afrique), ils décident de transformer leur tour de l'île exploratoire en projet humanitaire, en venant en aide aux missions et aux associations locales, en levant des fonds via des plateformes de financement participatives.

Tout en voyageant, ils apportent ainsi des solutions aux problèmes qu'ils croisent en chemin : le voyage passe de seize mois à quatre ans. Mais trois cent trente mille euros sont récoltés pour trente-trois projets de terrain : dispensaires, missions médicales, écoles, cantines scolaires, sauvetage d'une forêt primaire, reboisement, etc. Un voyage pas toujours facile, confronté à des problèmes d'insécurités, d'itinéraires non balisés existants ou balisés non existants et des problèmes sanitaires. Parfois terrassiers, parfois pontonniers, ils se frayent un chemin à la grande stupéfaction des populations riveraines qui les aident en retour. Ils vont même jusqu'à faire flotter leur charrette et lui mettre une voile pour traverser d'immenses fleuves ! Comme ils sont aussi réalisateurs de documentaires, ils ont pu inventorier tous les atouts et les ressources insoupçonnées de ce pays si mal géré, et par conséquent si pauvre.

En apprenant la langue et en respectant les us et coutumes, en endossant une partie des souffrances et de la condition de ces peuples traversés, ils ont su se faire aimer. Pour nous, simple particulier ou décideur dans des organisations, les enseignements sont riches : être capable de s'adapter à un environnement difficile, à une situation différente ; être déterminé et garder le cap : choisir le camp de la bienveillance et du don gratuit ; apprendre de nos différences ;

croire en un monde meilleur, agir, car c'est notre destin… Don gratuit, solidarité, attention à l'autre : comme le disait Matthieu Ricard, l'altruisme est la seule solution pragmatique aux grands défis du XXIe siècle. C'est l'objet des pages qui vont suivre.

3

La solidarité pour sauver le monde

L'engagement sans frontière

10 avril 2008. La sonnerie de mon téléphone retentit dans mon bureau. « Monsieur de La Chaise ? Ici Dominique Lapierre ; vous avez cherché à me joindre pour venir donner une conférence, chez vous, à Bordeaux, fin août ? » Je suis ravi, car cela fait effectivement de longs mois que je cherche à faire venir ce grand reporter-écrivain, auteur de nombreux best-sellers comme *La cité de la joie*, *Ô Jérusalem*, *Où tu porteras mon deuil*, la plupart écrit avec son complice Larry Collins. « Je m'occupe beaucoup de l'Association des enfants des lépreux de Calcutta, poursuit-il, ce qui m'oblige à réunir un budget de deux millions d'euros par an ; je suis donc disposé à me rendre à votre événement, fin août, si vous vous engagez à prévoir pour eux un don d'au moins dix mille euros ! » Je n'avais pas vraiment prévu ces conditions, mais, emporté par l'enthousiasme, j'ai répondu oui, tout de suite !

C'est lors de sa conférence à Smith Haut Lafitte, qu'il nous donne l'explication de son engagement : un ami leur avait conseillé d'aller interviewer le Mahatma Gandhi. Dominique Lapierre et son ami Larry Collins se passionnent pour l'Inde et l'histoire de son indépendance ; de cette passion naîtra *Cette nuit la liberté* et la découverte d'une petite bonne femme capable de renverser les montagnes : Mère Teresa. Grâce à Mère Teresa, Dominique Lapierre va rencontrer James Stevens, responsable d'un foyer pour enfants lépreux à Calcutta qui lui fait part de ses difficultés financières. Après lui avoir fait don des recettes de son dernier roman, il lui fera une promesse : « Vous ne fermerez jamais votre foyer. » Ainsi commence son engagement au service des enfants lépreux.

Dominique Lapierre s'intéresse également au plus grand bidonville de Calcutta, la « Cité de la joie », nom paradoxal pour un taudis indescriptible, sans aucune hygiène et sans eau potable. Les rencontres avec ses habitants vont le marquer au plus haut point. « Des hommes qui n'ont rien et ont l'air d'avoir tout ! », ces « lumières de la planète » qui vivent dans des taudis, qui sont debout, malgré tout. « Ce que je veux être, c'est la voix d'hommes sans voix », nous dit-il en faisant tinter la clochette qu'un « homme-cheval » indien, un taxi de Calcutta, lui a remise avant de mourir et dont il ne se sépare plus.

Rentré à Paris, bouleversé, Dominique va trouver son éditeur, Robert Laffont : « Je veux écrire un livre sur les bidonvilles de Calcutta ! À partir de trois mots-clés : odeur, couleur et bruit, je veux reconstituer le quotidien de ces personnes vivant dans les bidonvilles ! », lui dit-il. Son éditeur lui répond gentiment qu'un livre qui parle des pauvres des bidonvilles, de leur saleté, des odeurs, cela ne se vendra jamais ! « Si cela ne se vend pas, cela m'est égal, lui répond l'ancien reporter vedette de *Match*, je le ferai pour ces hommes et ces femmes sans voix ! » Le livre sera finalement édité, il s'appellera comme le bidonville, *La cité de la joie*, et sera vendu à neuf cent mille exemplaires à travers le monde !

L'exemple de cet engagement exceptionnel de notre auteur-reporter montre que la générosité, le don, sont aussi contagieux, voire plus, que l'égoïsme et la cupidité... Une autre personnalité, de renommée mondiale, a consacré une grande partie de sa vie aux autres, en particulier aux réfugiés.

Élevée dans une famille protestante du sud des États-Unis, elle découvre à l'adolescence que la couleur de peau peut être considérée comme un préjudice, quand un de ses amis noirs, préposé à l'entretien d'une piscine d'un club huppé d'un état sudiste, tombe dedans par inadvertance… et que les propriétaires décident de la vider et de la nettoyer ! C'était hier, en 1967 !

> C'est à partir de cet événement que j'ai réalisé que j'étais considérée comme étant différente en raison de la couleur de ma peau. Heureusement, mes parents ne m'avaient jamais appris à haïr autrui. Gardons-nous de juger une personne à partir de sa nationalité ou de son sexe, plutôt qu'en fonction de ses actes ! Essayons plutôt de nous mettre à la place d'autrui. Plus tard, je me suis engagée pour que les droits civiques s'appliquent à tous les êtres sans exception, de la même manière et dans tous les pays, conformément à l'esprit des Nations unies.

Celle qui parle ainsi n'est autre que la grande cantatrice Barbara Hendricks. Repérée par un imprésario, elle se produira sur les plus grandes scènes internationales de musique classique ou de jazz, dirigée par les plus grands chefs : Karajan, Bernstein, Giulini… Quand on lui demande la recette de son succès, elle répond avec beaucoup d'humilité : « Ma vie est peuplée d'anges. À de nombreuses reprises et toujours au bon moment, la bonne personne s'est trouvée près de moi. Et la passion pour ce que je fais joue aussi un rôle considérable. L'enjeu et la passion l'ont toujours emporté sur la difficulté. »

Avant de créer sa propre fondation, Barbara Hendricks s'engage aux côtés du HCR (Haut commissariat pour les réfugiés). En 1993, un de ses amis du HCR l'appelle pour lui demander de venir chanter pour la population de Sarajevo, durement touchée par les privations de la guerre.

À sa descente d'avion, un bénévole la prévient: « Voici votre gilet pare-balles, ne le quittez sous aucun prétexte ! »

Le lendemain soir, une répétition est organisée avec l'orchestre de Sarajevo. Avant de commencer sa partition, Barbara, comme elle le fait à chaque concert, promène son regard sur les musiciens et elle ne voit que des visages amaigris par les privations, marqués par la souffrance, une profonde tristesse se lisant dans les yeux qu'elle croise du regard. Tout d'un coup, l'émotion la saisit, elle sent les larmes lui monter inexorablement aux yeux, mais elle se dit qu'elle ne peut absolument pas montrer cette émotion devant toutes ces personnes qu'elle est venue encourager: elle décide alors de jouer toute la première partie… les yeux fermés !

Cette grande artiste a beaucoup marqué notre auditoire à Smith Haut Lafitte. À la fin de sa conférence, Barbara Hendricks explique qu'il ne faut jamais remettre à plus tard ses envies, ses rêves. « Mon père, nous dit-elle, avait beaucoup de projets qu'il comptait réaliser après sa retraite. Mais le pauvre est décédé quelques mois après avoir quitté la vie active. »

Au moment des questions, une jeune femme se lance: « Madame Hendricks, comme vous nous avez incités tout à l'heure à oser, j'ose vous faire cette requête qui me ferait tellement plaisir: pourriez-vous nous chanter un de vos airs de gospel ? » Ayant lu l'autobiographie de Barbara Hendricks, *Ma voie*, je savais que la grande chanteuse acceptait rarement de chanter sans avoir pu chauffer sa voix, et encore moins sans son pianiste… mais elle nous fit l'honneur d'accepter ! Nous eûmes ainsi le privilège, dans la quiétude de la Halle Cantelys, d'entendre s'élever la belle voix de Barbara Hendricks pour chanter un gospel, *a capella* !

Une autre femme, artiste elle aussi, pianiste et cantatrice, a su faire preuve de compassion pour les plus fragiles, il s'agit de Marianne Sébastien. Au cours d'un voyage, elle a l'occasion de visiter les mines de Bolivie: elle découvre alors le spectacle de misère et de violence vécu par les enfants boliviens, condamnés à travailler dans les mines, à subir la violence de leur père alcoolique, avec une espérance de vie ne dépassant pas 40 ans…

Marquée par la violence et la précarité qu'elle a pu rencontrer, Marianne Sébastien entreprend de changer la vie des femmes et des enfants à travers son association : Voix libres. Elle utilise les valeurs humaines et le chant comme mode de transition entre leur ancienne et leur nouvelle vie. Ainsi est créée une néo-société solidaire dirigée par les jeunes issus des mines et de la misère, débouchant sur des carrières d'avocats, comptables, graphistes ou artisans. Marianne Sébastien obtient ainsi le Prix international des droits humains en 2017.

La solidarité

L'engagement et la solidarité peuvent également s'exprimer près de chez soi.

Une personne âgée décédée depuis quatre mois

C'est en découvrant, dans le cadre de ses fonctions d'élu local, qu'une personne âgée était décédée depuis quatre mois, sans qu'aucun de ses voisins ne le remarque, qu'Atanase Périfan crée la Fête des voisins. Cette Fête des voisins a pour but de lutter contre l'isolement et la défiance envers autrui qui s'accentuent dans nos sociétés, au fil des années. Pour lui, la solidarité passe d'abord, en principe, par la famille, puis par la collectivité, comme les services d'aide aux personnes âgées.

Il constate que le pilier de la famille, premier pilier de solidarité, est fragilisé et que la solidarité collective a des moyens limités ; par ailleurs, l'approche spontanée dans les relations humaines, c'est-à-dire sans but déterminé, n'est plus comprise. La Fête des voisins est le prétexte qui vise à rapprocher les voisins pendant une journée, dans l'espoir que la relation sociale se prolonge dans le temps. Au fil des années, elle est devenue un immense succès populaire, rassemblant en 2014 plus de huit millions de Français et aujourd'hui, plus de vingt millions de participants, issus de trente-six pays dans le monde !

Enfin, voici un cinquième exemple de solidarité, qui part de nos propres fragilités. Chaque année, en France, quarante mille personnes survivent à un accident grave de la route, du sport ou vasculaire cérébral. Après des mois de coma, avec des handicaps acquis, la vie est bouleversée et se pose la question du sens de l'existence dans une société fondée sur l'efficacité. Laurent de Cherisey, ancien chef d'entreprise, confronté à ce problème à la suite d'un grave accident de sa sœur, s'est engagé avec un groupe fondateur associant personnes handicapées et valides, pour développer une réponse fondée sur le vivre ensemble : partager un repas, discuter et construire des liens d'amitié.

Dans le cadre de l'association Simon de Cyrène – du nom de l'homme qui aida le Christ à porter sa croix sur le chemin du Golgotha –, il fonde une communauté de vie (soixante-dix logements en centre-ville à Vanves) où personnes handicapées et valides vivent en colocation, partageant une joie profonde et un goût de la vie retrouvé. À l'heure où son fondateur se pose la question du financement d'autres maisons partagées, une manne inespérée lui tombe du ciel : Philippe Pozzo di Borgo, l'ancien patron de Pommery, devenu tétraplégique et incarné par François Cluzet dans *Intouchables*, demande que 5 % des bénéfices réalisés par le producteur soient reversés à l'association.

Le succès du film est tel que l'association essaime ce modèle d'habitat partagé dans dix villes en France ; dix autres villes sont en attente de financement. Pour Laurent de Cherisey, la société est forte de la place qu'elle donne aux plus fragiles. Pour lui, la vraie clé du bonheur est d'accepter nos fragilités, afin d'établir avec l'autre une relation de confiance, sans être dans le registre du surclassement que prône en permanence notre société. Cela implique une remise en question qui n'est pas rassurante, dans un monde qui se veut sécuritaire. « Les entreprises misent sur la sécurité, poursuit-il, et n'acceptent pas les personnes fragiles, pas assez rentables, dont elles ne veulent pas s'embarrasser. »

Ces cinq personnalités nous montrent qu'une seule personne convaincue par son projet est capable de changer le cours du destin de dizaines, voire de centaines de milliers d'autres personnes. Mais est-on maître de son destin ? Avant de tenter de répondre à cette question, faisons un détour par une belle histoire, qui eut lieu durant la Deuxième Guerre mondiale et qui traite de conflit de devoir.

4

Est-on maître de son destin ?

Le conflit de devoir

Un bon manager doit avoir le sens de la justice et du devoir. Il arrive pourtant que la décision à prendre soit tellement difficile que l'on parle de conflit de devoir. C'est ce qui est arrivé à un certain Felix Kersten, un jour de décembre 1938. Felix Kersten était un médecin hollandais qui possédait un talent aussi unique qu'extraordinaire : il avait appris, à l'université, mais également d'un maître lama tibétain, l'art de la thérapie manuelle. À force de travail et grâce à des dons innés, il arrivait à soulager des patients, là où la médecine traditionnelle se révélait sans effet ; en quelques années, sa réputation devint internationale.

Ses rendez-vous professionnels dans ses cabinets de La Haye, Berlin et Rome étaient pris des mois à l'avance et lui permettaient à la fois de mener une vie confortable et de se tenir soigneusement à l'écart des événements politiques qui allaient changer le monde. En cette fin d'année 1938, son destin allait basculer : un de ses patients, un riche industriel allemand qui avait besoin d'aide, l'appelle en lui demandant s'il accepterait d'examiner Himmler… Sa réponse est sans appel : « Ah non, j'ai réussi jusqu'ici à éviter toute relation avec ces gens-là, je ne vais pas commencer par le pire ! »

Puis vient le terrible dilemme : d'un côté, rendre service à un homme qui lui a montré une confiance absolue au début de sa carrière et lui a procuré un grand nombre de clients importants ; de l'autre, la conviction qu'approcher Himmler, personnification la plus odieuse du régime nazi, en tant que chef des S.S. et de la Gestapo, mettrait un point final au confort de son esprit et à sa sécurité intérieure. Terrible conflit de devoir… À contrecœur, et devant l'insistance de son client, Felix Kersten donne son accord. Avait-il raison d'accepter cette mission ?

Quelques mois plus tard, un coup de téléphone lui rappelle sa promesse et il doit se rendre au Quartier général du Reichsfürher, à Berlin. La première séance confirme la science du docteur Kersten : sa thérapie soulage immédiatement Himmler des atroces douleurs d'estomac et le médecin comprend qu'il n'a d'autre choix que d'être attaché au service du deuxième maître de l'Allemagne. Mais loin de se soumettre, Felix Kersten, profitant de sa situation d'unique personne capable de soulager Himmler, n'aura de cesse de remettre les folles idées du nazi en question et surtout, de lui arracher une à une ses victimes comme prix de son traitement.

Dès le départ, Kersten prend des risques, mais mesurés : tel ou tel individu arrêté par les services, contre une séance de thérapie. Mais Kersten va vite se retrouver dans des situations beaucoup plus complexes qui mettent sa vie en danger, car son marché, par exemple, celui de dissuader Himmler de déporter les Hollandais en Pologne, va à l'encontre des ordres d'Hitler. Le docteur Kersten mettra des mois à convaincre Himmler, mais il se fera, parmi la garde rapprochée de celui-ci, des ennemis jurés, comme le tout-puissant Heydrich, chef de la Gestapo, qui nourrissait de forts soupçons à son égard.

Malgré les risques de plus en plus importants pour lui – il échappera de peu à une embuscade de la Gestapo visant à le supprimer –, Kersten resta fidèle à son poste auprès d'Himmler jusqu'en avril 1945, lui permettant de mettre au point avec la Suède un vaste plan de sauvetage des survivants des camps de concentration, qu'Hitler avait donné l'ordre de dynamiter. À la fin de la guerre, Felix Kersten aura finalement contribué à sauver des dizaines de milliers de vies. Cette histoire extraordinaire, racontée par Joseph Kessel dans *Les mains du miracle*, montre à quel point, d'une situation a priori sans issue, un homme peut changer le cours du destin.

Ils ont changé leur destin

Croire en soi, croire en son destin

« Je suis le maître de mon destin, je suis le capitaine de mon âme. » Cette citation célèbre, tirée du poème *Invictus* (invincible), écrit par William Ernest Henley après l'amputation de son pied, a beaucoup inspiré Nelson Mendela, enfermé dans sa prison de Robben Island pendant vingt-sept ans. Les deux dernières strophes méritent d'être relues :

> En ce lieu de colère et de pleurs,
> Se profile l'ombre de la mort,
> Je ne sais ce que me réserve le sort,
> Mais je suis et je resterai sans peur,
> Aussi étroit soit le chemin,
> Nombreux les châtiments infâmes,
> Je suis le maître de mon destin
> je suis le capitaine de mon âme

Croire en lui, être le capitaine de son âme, faire confiance à sa famille, à son entourage, c'est ce qui a sauvé cet homme, dont le destin a basculé le 5 mars 1994. Un jour, à l'âge de 26 ans, en voulant changer son antenne sur son toit, il heurte une ligne moyenne tension : une décharge électrique de vingt mille volts le traverse de part en part, à trois reprises. Des mois d'hospitalisation plus tard, il est sauvé… mais avec un terrible handicap : pour continuer à vivre, il a fallu l'amputer de ses quatre membres. Pour Philippe Croizon, car c'est lui dont il s'agit, la prise de conscience de son état et la révolte qui a suivi n'ont pas été immédiates.

C'est un de ses amis qui lui trouve une raison de croire à nouveau en la vie : ouvrir la voie à ses deux garçons, dont l'un vient de naître et leur prouver que leur père est capable de se dépasser, comme n'importe quel homme valide. Il lui a fallu une volonté farouche et un courage exemplaire pour réapprendre à marcher avec des prothèses, et se prouver, à lui et aux autres, qu'il pourrait à nouveau assumer toutes les activités physiques des valides. Philippe reprend ainsi goût à la vie. Désormais, étant passé à deux doigts de la mort, il décrète que sa vie depuis l'accident, c'est du bonus !

Des années plus tard, à 42 ans, il se fixe un premier défi : la traversée de la Manche, un périple de trente-huit kilomètres, entre le Détroit de Douvres et la ville de Calais. Les obstacles ne manquent pas : prothèses trop lourdes, moyens limités, fenêtre de tir due au temps et aux marées très étroite, etc., seules la force de caractère de Philippe et la confiance que lui porte toute une équipe (femme, kiné, entraîneuse, ami nageur de grande distance) lui permettent de lever un à un les obstacles. Après deux années d'entraînement intensif, il se lance, seul, depuis les côtes d'Angleterre.

Au milieu de la traversée, au moment où il se sent flancher, il pense à tous ceux qui l'ont aidé, à commencer par son épouse et ses amis et il réussit l'exploit en treize heures et vingt-six minutes ! Philippe Croizon incarne l'idée qu'avec de la volonté, tout est possible. Voici comment il résume cet état d'esprit :

> Pour remonter cette pente vertigineuse, je n'ai pas attendu que les choses viennent à moi. Il ne faut attendre que de soi-même. Il n'est pas nécessaire de tenter l'impossible, il suffit

> d'une impulsion, même minime, pour mettre en marche ses propres envies, ses propres rêves. Combien ont dû penser, après mon accident, qu'il aurait mieux valu que je meure, que, dans mon état, la vie n'avait plus de sens ? Or, je suis la preuve que la vie ne s'arrête pas avec le handicap : il faut lui tenir tête. À tous ces pessimistes qui m'imaginaient dans la tombe, j'affirme que je suis désormais chanceux, plein d'envies et de projets. Je suis certain qu'aujourd'hui, on me regarde pour ce que je suis et non pour ce que je parais.

Cette volonté, cette soif de vivre, cette détermination hors du commun, vont l'amener à relever d'autres défis grand format : relier les cinq continents à la nage, avec son ami Arnaud Chassery, participer au rallye Paris-Dakar, jouer au théâtre, etc.

Rien n'est joué d'avance

Relever des défis, se prouver, à soi et aux autres, que *Rien n'est joué d'avance*[1], c'est aussi l'histoire incroyable de Patrick Bourdet. Et pourtant, son histoire fait partie des contes qui débutent mal : au commencement, il y a le suicide d'un père qui, en mourant, demande que ses propres enfants ne soient pas laissés à la garde de leur mère alcoolique. Patrick et ses trois frères et sœurs sont confiés à un orphelinat ; sa petite sœur ne survit pas à ce drame, mais lui se sent protégé, voire aimé par les équipes d'enseignants.

Cette parenthèse de vie communautaire bienveillante de cinq ans ne sera malheureusement pas longue : sa mère, remariée, obtient la garde des enfants. Pour Patrick, c'est « le temps de la barbarie dans un milieu alcoolique ». Il évoque

1. *Rien n'est joué d'avance* (Fayard, Paris, 2014) est le titre du livre à succès écrit par Patrick Bourdet, avec Guillaume Debré, relatant sa vie.

« la cabane sans eau ni électricité » dans la forêt des Landes, les trajets, toujours à pied – six kilomètres le matin –, pour aller à l'école, autant pour revenir. Un jour, il faut réchauffer le chien qui manque de mourir gelé. Vient ensuite le temps des petits boulots : vendre des espadrilles, des fromages, etc.

Une première lueur d'espoir apparaît lorsqu'il entre en apprentissage en mécanique, avec monsieur Seguin, ce qui lui permet d'obtenir son CAP. Les conditions sont encore rudes : pour se rendre au garage, Patrick doit effectuer douze kilomètres, neuf en stop, trois à pied ; mais il faut toujours revenir à la cabane de l'alcool, des cris et des coups…

Un jour, l'insoutenable provoque son départ. Ce soir-là, revenu à pied de son travail, il s'allonge dans sa petite chambre de neuf mètres carrés et découvre un trou juste au-dessus de l'emplacement de sa tête : durant l'après-midi, quelqu'un a tiré au fusil, probablement en état d'ivresse… Par le trou dans le mur, Patrick peut voir un acacia, que le vent fait bouger : pour lui, c'est l'appel de la liberté, comme si, ce jour-là, il décidait de reprendre son destin en mains.

Son entraîneur de football accepte de l'accueillir chez lui : il y restera onze mois et lui témoignera une grande reconnaissance. Toujours grâce au football, il a l'occasion de rentrer comme balayeur au CEA de Cherbourg, où, travailleur et consciencieux, il évolue vite comme technicien, puis comme technicien de niveau 3. Son patron le prévient qu'il ne pourra plus évoluer ; mais rien n'arrête Patrick : il réussit à intégrer l'École de management de Normandie, une formation financée par la société, à la condition qu'elle choisisse le sujet du mémoire. Ce sera : « Extraire le plomb 212 : les autres activités nouvelles ».

Les applications de ces recherches sont à l'origine de la création de la radio-immunothérapie alpha, qui permettra de remporter un concours scientifique ! Quelques années plus tard, en 2008, une réunion est organisée par le Comité de direction, spécialement sur son projet d'utilisation du plomb 212, pour soigner les cancers.

Anne Lauvergeon confie la direction de la nouvelle entité « Areva Med » et le budget demandé à Patrick Bourdet, qui part s'installer aux États-Unis. En 2012, la première patiente atteinte d'un cancer des ovaires est soignée avec cette nouvelle technique du plomb 212, après la création d'un laboratoire commun avec Roche, ce qui vaut à l'équipe américaine de recevoir le prix de la Fondation Clinton, des mains du président. Que de chemin parcouru par le petit orphelin, isolé et battu dans une cabane perdue au fond des Landes!

Désireux de redonner ce qu'il a reçu, de faire profiter d'autres personnes de sa riche expérience humaine, Patrick quitte Areva pour se former à la thérapie et entreprendre ainsi une carrière de conseiller-coach auprès de dirigeants. Dans une société où le principe de précaution est trop souvent interprété comme principe de non-prise de risques, les choix de Patrick Bourdet montrent que la prise de risque, associée à un travail acharné et à un opportunisme sain, est capable de changer le destin d'un homme.

Voici un autre témoignage, montrant qu'il est vraiment possible de modifier le cours de son destin. Depuis qu'elle est née, Virginie est sourde. De tous côtés, elle ne perçoit que des messages décourageants: « Vous ne parlerez jamais! Vous n'apprendrez jamais à lire, ni à écrire! Vous n'aurez jamais votre bac! » Plus tard, son bac en poche, désireuse de devenir avocate, les messages négatifs la poursuivent: « Vous devrez choisir une faculté de province; vous ne serez jamais avocate, c'est impossible! » Le chemin est semé d'embûches...

Celle qui s'exprime ainsi, vêtue d'une élégante jupe rouge, c'est Virginie Delalande, la première femme sourde à être devenue avocate. Aujourd'hui, Virginie est conférencière et animatrice d'une émission de télévision digitale sur B Smart. Un jour, particulièrement affectée par le regard porté sur elle, elle se trouve en face d'un avocat qui lui dit : « Ton handicap, c'est ta force ! »

Après avoir longuement mûri cette remarque, qu'elle avait mal prise au début, Virginie se rend compte que cet homme avait vu juste ! « Mon handicap m'a souvent amené à être victime de moqueries, de dénigrement, de moments difficiles, mais il m'a également fait découvrir le meilleur de l'homme et une vraie confiance en l'humanité. Mon handicap est également ma plus belle carte de visite, celle qui fait qu'on ne m'oublie pas. »

Bien sûr, elle puise aussi dans son expérience personnelle pour donner des conseils avisés à ses clients. Tout d'abord, avoir un objectif clair : lorsqu'elle a obtenu un poste de chef de projet marketing, après huit ans de droit, elle a su adapter le service et les produits de son entreprise aux personnes en situation de handicap pour qu'elles aient la même liberté de choix que n'importe qui et surtout, des propositions exactement adaptées à leurs besoins. Ensuite, avoir un désir puissant, tout mettre en œuvre pour réaliser son rêve. Et enfin, savoir sortir de sa zone d'habitude pour rebondir et trouver notre propre chemin pour réussir.

Sens de sa vie

> Pour trouver le sens de sa vie, il faut se connaître et savoir quelles sont les valeurs auxquelles on tient, sur lesquelles on ne transigera pas et qui font partie de nos rêves. Il faut s'aimer de façon inconditionnelle, en connaissant sa part d'ombre et de lumière pour réussir à avoir confiance en soi. Garder ses rêves, écouter cette étincelle de vie et tutoyer les étoiles. L'échec, les maladies, les accidents sont des cadeaux de la vie mal emballés. Rien n'est hasard ! Tout est enseignement bienveillant, pour nous pousser à découvrir la meilleure version de nous-mêmes. Être différent, c'est une chance ! Cela nous apprend à arrêter

de vouloir à tout prix rentrer dans le moule: nous voulons tous y entrer, pour être accepté et aimé, mais c'est une grave erreur! Car la différence, quand elle se voit, nous oblige à nous demander qui nous sommes vraiment, au fond de nous-mêmes et nous permet de comprendre comment trouver la deuxième partie de notre vie.

Le témoignage plein d'espérance et de confiance en la vie de Virginie m'inspire trois remarques: d'une part, même si nous nous considérons comme valides et bien portants, nous possédons tous une part de fragilité, de vulnérabilité; ensuite, il faut bien reconnaître chez les personnes comme Virginie Delalande, Philippe Croizon ou Philippe Pozzo di Borgo une belle dose de volonté, de courage, de persévérance, pour arriver à accepter leur handicap et à en tirer parti de cette manière.

Enfin, que reste-t-il lorsque le sort semble s'acharner sur nous, lorsque la vie nous semble une succession d'épreuves, que tout semble perdu? C'est l'objet du dernier chapitre de ce livre, où nous chercherons à comprendre les notions de résilience et d'espérance, à travers des parcours de vie singuliers.

5

De la résilience à l'espérance

Courage et résilience

La scène se passe sur une belle plage bretonne, à la fin de l'été 2005. Un couple heureux se promène sur la plage de sable avec ses deux enfants, un garçon de 3 ans et demi et une petite fille qui vient d'apprendre à marcher. Observant sa fille, la mère s'inquiète de la voir marcher avec difficulté. Rentré à Paris, le couple consulte plusieurs médecins, jusqu'à ce qu'un neuro-pédiatre leur annonce que leur fille Thaïs n'a pas de problème de pied, mais quelque chose de beaucoup plus grave, une maladie génétique orpheline dégénérative.

Le verdict tombe, brutal comme un couperet : Thaïs n'a plus que quelques années, voire quelques mois à vivre, en perdant progressivement toutes ses fonctions vitales. Pour Anne-Dauphine Julliand et son mari Loïc, c'est un choc terrible, le médecin annonce « qu'il n'y a rien à faire, on ne peut la guérir ».

Quand on ne peut ajouter des jours à la vie, on peut toujours ajouter de la vie aux jours

Dans son désarroi, Anne-Dauphine repense à cette phrase énoncée par un journaliste, à propos de la mort du professeur Jean Bernard qui avait beaucoup fait avancer les soins palliatifs : « Quand on ne peut ajouter des jours à la vie, on peut toujours ajouter de la vie aux jours. » Elle comprend que s'ils ne peuvent sauver Thaïs, ils peuvent encore faire quelque chose : ajouter de la vie aux jours qui lui restent.

Dans un premier temps, Anne-Dauphine et Loïc pensent que le meilleur moyen d'ajouter de la vie, c'est de céder à leur fille sur tout, mais cette méthode s'avère finalement une mauvaise piste. Un psychologue, appelé à la rescousse, leur explique que les règles que l'on met, c'est un cadre d'amour que l'on donne à nos enfants : leur dire non est une façon de circonscrire leur vie, de leur permettre d'en sentir les limites et cela les rassure.

Quand les tout-petits ont très peur, ils écartent les bras comme une espèce de réflexe, c'est pour eux une façon de rechercher les parois utérines, pour se rassurer et sentir ce petit cocon. Ce jour-là, Anne-Dauphine a compris qu'ajouter de la vie aux jours, ce n'était pas tout lâcher, c'était juste vivre chaque instant comme il est et le vivre pleinement.

Le jour même de l'annonce par ses parents que Thaïs était gravement malade, leur fils Gaspard demande, malgré le contexte que l'on fête l'anniversaire de sa petite sœur. Pour Anne-Dauphine, c'est incompatible avec la gravité qui se joue. Puis, elle comprend qu'elle et son époux ont la possibilité de choisir : choisir que la maladie contamine toute leur vie comme une tache d'encre se répandant sur un buvard ou choisir d'intégrer la maladie comme un de ses paramètres. Elle choisit la possibilité d'être heureuse et se dit : « À chacun de ces instants de bonheur : fêtes de Noël, de Pâques, vacances, anniversaires, je vais choisir si je suis capable d'être heureuse ou pas, de me réjouir si quelqu'un a un enfant en bonne santé… »

Je suis le capitaine de mon âme

Anne-Dauphine repense également au poème de Henley, « Je suis le capitaine de mon âme » :

> Je mène cette barque, le capitaine ne peut pas empêcher les tempêtes, la mer agitée, mais il peut continuer à mener sa barque malgré la tempête. Et c'est ce que nous avons décidé de faire avec Loïc, continuer à mener notre barque, jour après jour, en vivant l'instant présent comme il se présente : pour moi, c'était une révolution.
>
> Ce qui nous a permis d'avancer, c'est que nous n'avons pas mis de conditions à notre amour de la vie : il faut dire oui à la vie, cette vie-là, c'est la mienne, j'en suis le principal acteur et j'en suis fier. Au cours de cette expérience, j'ai réalisé quelque chose : quand on met un enfant au monde, on ne peut pas lui promettre qu'il va vivre jusqu'à 100 ans, ni qu'il va avoir un bon job ou trouver l'homme ou la femme de sa vie, avoir des enfants... Nous pouvons juste lui faire une promesse et s'y tenir : tout faire pour le rendre heureux toute sa vie.

Thaïs est décédée juste avant ses 4 ans. Anne-Dauphine et Loïc ont connu d'autres épreuves difficilement supportables à hauteur d'homme, mais cette foi en la vie, cette liberté qu'ils se sont donné de pouvoir choisir leurs moments de bonheur, de donner un sens à leur vie d'époux et de parents, ne les a jamais quittés. Ils sont à la fois un exemple de foi en l'espérance, dans sa dimension à la fois humaine et spirituelle, et de résilience.

Le psychiatre Boris Cyrulnik en a été le grand vulgarisateur en France. Ses mots semblent faire écho à l'histoire d'Anne-Dauphine et Loïc :

> On ne peut pas mener une vie humaine sans donner sens à la vie. Il faut donc savoir d'où l'on vient, avec nos racines plus ou moins vulnérables, pour pouvoir rêver où l'on va. C'est

> de cette manière que nous donnons sens à notre existence, ce qui nous fait éprouver les événements de la vie de façon totalement différente, un peu à la manière des tailleurs de pierre, dont l'un qualifie son travail en disant qu'il taille des pierres, quand l'autre se déclare bâtisseur de cathédrales... Pour retrouver de l'espoir, il faut donc bâtir un projet et s'unir pour donner sens aux événements : c'est cela, la résilience.

Boris Cyrulnik ne sous-estime pas les difficultés ou les épreuves auxquelles chacun d'entre nous est confronté un jour ou l'autre : face à ces difficultés, nous dit-il, il ne faut jamais se résigner. Ne jamais se résigner, ne jamais abandonner, c'est ce qui caractérise le mieux la personnalité d'une ex-otage mondialement célèbre, que nous avons eu la chance d'écouter à Smith Haut Lafitte. En 2002, la Colombie était engagée dans une guerre civile entre une guérilla d'extrême gauche – les FARC – et des groupes paramilitaires financés par les trafiquants de drogue, entraînés par des forces liées à l'armée colombienne.

C'est dans ce contexte compliqué que la femme politique franco-colombienne Íngrid Betancourt décide de se présenter aux élections présidentielles. Son programme : justice sociale, lutte contre la corruption, lutte pour la préservation de l'environnement, qui affecte en premier lieu les plus pauvres. Autant dire que le programme de la candidate d'Oxygeno Verde ne plaît pas spécialement à la classe politique au pouvoir.

Le 22 février 2002, Íngrid Betancourt décide de se rendre dans un village, San Vicente, à la demande de son maire, qui craignait que les paramilitaires viennent saccager son village. La région est en principe sous contrôle militaire, mais, pour plus de sécurité, un déplacement est prévu par l'armée, en hélicoptère.

Au bout d'un certain temps, Íngrid apprend que l'offre du déplacement en hélicoptère lui est retirée, ainsi que son escorte. Manœuvre du président de la République pour l'empêcher d'arriver à San Vicente avant lui ? On la pousse donc à prendre la route, en l'assurant que le territoire est sous contrôle militaire et en mettant à sa disposition un véhicule officiel. Engagées auprès du maire de San Vicente, Íngrid et son équipe décident de prendre la route.

Quelques kilomètres plus loin, à un croisement, un barrage militaire les arrête. En Colombie, l'uniforme des FARC et des paramilitaires de l'armée est quasiment identique : seules des bottes en caoutchouc distinguent les guérilleros des soldats... Les bottes étaient en caoutchouc ! Le chauffeur essaye de faire demi-tour, mais c'est trop tard : Íngrid et sa petite équipe sont prisonnières des FARC ! Íngrid Betancourt raconte :

> Une fois kidnappée, je suis entrée dans une autre planète. Leur monde était marqué par une grande violence, très hiérarchisé, avec des incohérences fondamentales. Par exemple, ils prônaient l'égalité hommes-femmes. Or, leur organisation – de souche paysanne – était très machiste, ce qui conditionna de façon perverse le traitement qu'ils me réservèrent. Pour eux, je faisais partie de l'oligarchie, de plus j'étais Française, donc une traître et, qui plus est, une femme. Mon séjour de sept ans dans la jungle a donc été particulièrement difficile.

Commence alors pour Íngrid et son assistante, Clara Rojas, une captivité bien éloignée de tout ce que l'on peut imaginer. Les journées s'égrènent dans une succession de marches épuisantes et interminables à travers la jungle, une jungle hostile, densément verte, où l'on n'arrive jamais à voir le ciel, et des haltes dans des campements de fortune, où règne la terreur. « L'humidité est constante, la végétation est un ennemi, elle pique et agresse l'être humain. Le corps est l'objet de toutes les tortures possibles : moustiques, scorpions, tarentules, etc., mais cela n'est rien, comparé à l'agression du guérilléros. »

Le récit d'Íngrid sur ses conditions de détentions, rapportées dans son livre *Même le silence a une fin*, a beaucoup de similitudes avec les témoignages des déportés des camps de la mort. La vie n'a plus aucune valeur : les geôliers font tout pour avilir leurs prisonniers, les monter les uns contre les autres et acheter leur coopération contre un peu de nourriture ou un objet de première nécessité. On sent bien dans le témoignage de l'ex-otage que les sévices physiques sont presque plus faciles à supporter que les abus psychologiques. Le manque de relations vraies, voire d'affection, est le plus difficile à supporter.

Couverte d'abeilles

> J'ai été tellement malade à un moment donné que, pendant une marche, les gardes m'ont laissée là, en plein milieu de nulle part, en me disant : « Vous êtes trop lente, on va au campement et on viendra vous chercher plus tard. » Je me suis allongée sur le sol, terrassée par la fièvre. Quand je me suis réveillée, j'étais littéralement couverte d'abeilles noires. Elles étaient venues lécher ma sueur. Paniquée au début, je me suis ressaisie. Après tout, elles ne me piquaient pas. Au contraire, elles me nettoyaient en me laissant une agréable odeur de miel sur la peau. Je me suis dit : « Enfin, quelqu'un qui prend soin de moi ! »
>
> Plus tard, au cours de cette même marche, j'ai le souvenir de voir surgir de la végétation une longue file d'hommes barbus, portant au cou de grosses chaînes les rattachant les uns aux autres. Ils marchaient recourbés, affublés de sacs à dos immenses. En les voyant progresser ainsi, j'ai tout de suite pensé à ces gravures représentant l'esclavage et j'ai compris l'horreur que nous vivions. Ironie du sort, ce sont ces hommes exténués, revenant du bout de l'enfer, qui se sont arrêtés en passant près de moi pour me tendre la main et me donner courage.

L'évasion

La foi, l'espoir ont toujours guidé Íngrid dans cet enfer vert. Elle tente de s'échapper plusieurs fois, notamment avec son ami Lucho, qui est diabétique.

> Nous mettons six mois à préparer l'évasion. Il fallait s'approvisionner peu à peu de nourriture et surtout de sucre ; construire des petits sacs à dos ; trouver des cordes, des chaussures à laisser en guise de leurre près de nos paillasses pour ne pas attirer l'attention lors de la fuite ; confectionner également des flotteurs avec des bidons vides, car notre plan était de nous évader par la rivière, etc.

Quand le matériel était prêt, il fallait encore attendre le moment propice, c'est-à-dire un gros orage, pour couvrir les bruits de fond inévitables. Au bout de six mois d'une incroyable sécheresse, les FARC entreprennent de construire une tranchée, tout autour du camp. Soudain, la pluie arrive : c'est le moment ! Dès le gardien parti, Íngrid va chercher son ami Lucho, qui hésite, puis, se décidant à prendre la fuite, maladroitement renverse un tas de vaisselle ! Íngrid entend les guérilleros s'arrêter et dire : « Cela doit être une souris ! »

Courant pour se cacher, ils voient, en face d'eux, la relève de la garde, qui passe, heureusement, sans les voir. Ils se glissent dans la rivière et se laissent emporter par le courant. Pour les deux amis, c'est la liberté ! Au bout de six jours, Lucho a une nouvelle crise de diabète : c'est la fin de l'évasion, il faut chercher de l'aide avant que la situation de Lucho soit irréversible. Il faut trouver des paysans, et croiser les doigts pour que cela ne soit pas la guérilla…

C'est l'amour qui nous donne la résilience

Comment Íngrid Betancourt a-t-elle réussi à tenir dans cet environnement concentrationnaire ?

> C'est l'amour que l'on reçoit des autres qui nous donne la résilience indispensable pour continuer de vivre, cette espèce de courage, qui nous permet de tenir. Nous voulons être forts pour ceux qui nous aiment. Voilà une leçon que j'ai retenue de cette expérience : combien les autres nous sont indispensables. Il y a, par contraste, je crois, un mal de solitude dans la société de consommation. Si vous pensez à votre dernier repas, par exemple, le souvenir que vous en aurez ne sera pas le même si vous étiez seul ou si vous l'avez partagé avec un être aimé. Les autres sont notre plus grande source de joie.
>
> Ainsi, même dans des environnements hostiles comme celui de la jungle, les moments de bonheur sont possibles, des moments de joie pure car partagés. Mais il y a également le bonheur, comme résultante d'un travail spirituel, une richesse qui nous est donnée dans le rapport que nous tissons avec les autres. La spiritualité n'est pas une donnée intimiste et solitaire, elle nous permet de nous sortir de notre autisme égocentrique pour entrer en relation, en harmonie, avec nous-même et avec les autres.

Une conscience indubitable de la présence de Dieu

Les longues périodes de solitude poussent Íngrid à l'introspection, à la méditation et à la découverte de la foi :

> Lorsque je revenais, je m'asseyais, les jambes croisées, et me laissais aller à une méditation qui n'avait rien de religieux mais qui aboutissait invariablement à une conscience indubitable de l'accompagnement de Dieu. Je ne savais pas ce qu'il pouvait attendre de moi et encore moins ce que j'étais en droit de demander. Je pensais le supplier de me sortir de ma

> captivité, mais je trouvais immédiatement que ma prière était trop petite, trop mesquine, comme si penser à mon propre bien-être ou solliciter sa bienveillance était incorrect... Je me souvenais avoir lu dans ma Bible, dans l'Épître aux Romains, que l'Esprit Saint nous secourait dans notre besoin de communication avec Dieu, sachant mieux que nous ce qu'il nous convenait de solliciter.
>
> J'avais pensé à ce moment-là, en le lisant, que je ne voulais pas que l'Esprit demande autre chose que ma liberté. Et l'ayant formulé ainsi, j'avais compris que je ratais l'essentiel, qu'il y avait probablement autre chose de supérieur à ma liberté qu'il pourrait chercher à me donner et que j'étais pour le moment incapable d'apprécier.

Cette liberté, Íngrid Betancourt va heureusement la recouvrer, le 2 juillet 2008, au terme d'une opération spéciale menée par l'armée colombienne. Voici comment elle parle de son avenir de femme libre, quelques heures avant de retrouver sa famille :

> Quelques heures encore, et je les verrai tous, Maman, mes enfants, ma sœur. Ce monde nouveau, qui ne me disait plus rien, n'avait de sens pour moi qu'en eux et par eux. Durant les années d'agonie que je venais de quitter, ils avaient été, sans relâche, mon soleil, ma lune et mes étoiles. Je m'étais enfuie de cet enfer vert tous les jours, emportée par le souvenir brûlant de leurs baisers d'enfants et, pour que l'on ne me confisque pas la mémoire de notre bonheur passé, je l'avais enfoui dans les étoiles, près de la constellation du Cygne que j'avais offerte pour rire à ma fille lors de sa naissance.

De l'enfer à l'espérance

Exemple de résilience – en détention, Íngrid Betancourt a subi les pires sévices physiques et psychiques –, son cheminement personnel l'amène naturellement vers l'espérance, un témoignage particulièrement inspirant pour nous et qui illustre bien une autre définition de la résilience, donnée par le père Matthieu Dauchez, directeur de l'association ANAK-Tnk, qui accueille plus de six cents enfants des rues de Manille : « La résilience est cette force puisée dans la certitude que Dieu tire un bien de tout. C'est un fruit de l'espérance qui surgit quand on se laisse transfigurer par l'amour. »

Jeune séminariste, il relève le défi de deux autres camarades du séminaire d'Ars de partir en mission pour les Philippines, pour s'occuper des enfants délaissés et abusés. Il se rend compte qu'ils ont une soif d'autre chose, bien plus profonde qu'un désir matériel et que la réponse à cette attente, à la fois psychologique, aimante, spirituelle, ne peut être que l'engagement d'une vie.

Les enfants abandonnés des rues sont parmi les cas les plus désespérés. Leur espérance de vie est tellement courte qu'ils sont comme des morts-vivants, aussi bien extérieurement, car certains se réfugient dans le cimetière de Manille qu'intérieurement, car, rejetés par leurs parents, ils comprennent qu'ils ne sont pas dignes d'être aimés et n'ont plus le goût de vivre : leur cœur s'arrête petit à petit de battre.

Avec une équipe de deux cent bénévoles, la plupart Philippins, ANAK-Tnk crée les conditions pour guérir les blessures de ces cœurs brisés, physiques, certes, mais surtout intérieures. Le père Dauchez montre très bien les limites auxquelles ils sont confrontés. En tant que prêtre, il perçoit, d'une part, ce qui est de l'ordre du réconfort matériel et humain et, d'autre part, ce qui dépasse l'homme, confié à la grâce de Dieu ; pour lui, seul Dieu peut guérir les cœurs de ces enfants qui ont vécu les pires horreurs qu'on puisse imaginer. L'espérance, c'est accepter que tout ne dépend pas que de nos propres forces humaines.

Résilience et engagement

Prendre soin des autres, en particulier des malades et des personnes en fin de vie, est une autre expérience initiée par une grande violoncelliste : Claire Oppert. Après des études particulièrement rudes au conservatoire Tchaïkovski de Moscou, Claire, rentrée en France, commence à jouer de la musique au profit de résidents d'EHPAD atteints de démence, des patients douloureux et en fin de vie et de jeunes souffrants de troubles autistiques.

Le pansement Schubert

Un jour, elle se trouve en présence d'une malade dont l'infirmière n'arrive pas à refaire le pansement tant l'intervention est douloureuse ; la musicienne lui propose de lui jouer un peu de violoncelle et entame un morceau de Schubert. Quelques minutes plus tard, la patiente propose à l'infirmière de lui mettre son pansement : « Mais c'est déjà terminé », lui répond cette dernière. La malade était tellement absorbée par la musique, qu'elle en avait oublié sa douleur !

Les soignants présents sur place sont abasourdis et l'une d'elles déclare à la violoncelliste : « Madame Oppert, il faudra revenir la semaine prochaine pour le pansement Schubert ! » Claire poursuit ses visites musicales et se rend compte du bienfait ressenti par les différents malades qu'elle côtoie. Elle décide d'organiser une étude clinique pour mesurer les effets des morceaux de musique sur les patients. Les résultats sont éloquents : dans la grande majorité des cas, ils entraînent une diminution importante du stress et de la sensation de douleur.

Le très beau livre de Claire, *Le pansement Schubert*, évoque des transformations salutaires, comme le cas de cette personne atteinte d'un cancer avancé, pétrie de douleurs et ne souhaitant plus vivre. Après quelques séances de « pansement Schubert », la patiente déclare, pleine de reconnaissance, qu'elle a retrouvé goût à la vie.

Boris Cyrulnik a raison quand il dit qu'il ne faut jamais se résigner, car il y a toujours quelque chose à tenter. Ne jamais se résigner, cela pourrait être également la devise d'un homme qui a consacré toute sa vie à sauver les enfants totalement rejetés par la société et que nous avions eu l'occasion de rencontrer, en août 2008. Nous venions d'installer notre université Hommes-entreprises dans le cadre privilégié du château Smith Haut Lafitte, grâce à l'excellent accueil de ses propriétaires, Daniel et Florence Cathiard.

Vêtu d'un blouson noir et de santiags, l'homme qui s'avance s'appelle Guy Gilbert, le célèbre prêtre des loubards. Son engagement, depuis quarante ans, vient de l'amour qu'il a reçu, l'amour inconditionnel de ses parents. Malgré une enfance dans un contexte de grande pauvreté, ses parents se sont toujours aimés et ont comblé d'amour leurs quinze enfants ! Un jour, il questionne sa mère : comment a-t-elle fait pour diviser ainsi son amour entre ses enfants ? « Je ne l'ai pas divisé, lui répond-elle, je l'ai multiplié ! »

Une part de cristal dans chacun d'eux

Son expérience de la rue va le rapprocher des jeunes marginaux. S'engager au service des jeunes, c'est les écouter. Il constate que ces jeunes détestent les êtres humains et que l'indifférence a été ou est un des pires facteurs de destruction. Pour deux raisons, il ne laissera jamais tomber ses jeunes : « Dans chacun d'eux, dit-il, il y a une part de cristal », et : « Je recherche la part du Christ dans chacun d'entre eux. »

Voilà 36 ans[1], Guy Gilbert cherche une ruine à retaper pour y loger des jeunes. C'est dans les Alpes-de-Haute-Provence, à proximité des gorges du Verdon, que le « Faucon », lieu d'accueil, va voir le jour. À travers cette aventure, il a vu l'engagement d'hommes au service d'un même but. Progressivement, lui et ses jeunes ont réussi à construire une magnifique bâtisse et à y accueillir jusqu'à une centaine d'animaux. Il constate l'importance majeure des animaux pour la reconstruction morale et sociale de ses jeunes : « Ce sont les bêtes qui réconcilient les jeunes avec les autres ; ce que te donne la bête, elle ne le reprend pas, elle ne ment pas, la bête. » Cette mini-société, avec son règlement de fer, son respect des différences et son amour infini, va être la matérialisation de son engagement.

Avoir été dans l'Église pendant quarante-trois ans a été un combat. Guy Gilbert est cependant fasciné par la diversité de l'Église et par l'espérance qu'elle génère ; il a eu besoin de cet environnement pour affronter la violence des jeunes. Cette violence, il a dû parfois y recourir pour poser des limites. Il nous parle de son expérience de la rue et de ses acteurs, notamment des forces de l'ordre. Agressions physiques et verbales et situations dramatiques ont été son quotidien. Il suit la phrase de Jean-Paul II : « Vivez l'inculturation, vivez la culture des jeunes. » C'est à partir de ce moment-là qu'il se relookera et adoptera le langage de la rue, ses gros mots et son franc-parler qui arrivent tant à nous faire rire et réagir. Son expérience de la rue va le rapprocher des jeunes marginaux.

1. 51 ans en 2023.

Une main est tendue et ne te lâchera jamais

Pour lui, ces jeunes violents, menaçants, le sont parce qu'ils n'ont souvent connu que la haine ou l'indifférence. L'accompagnement de Guy Gilbert et de son équipe par l'accueil, le pardon, l'amour, la reconnaissance, est donc un travail de longue haleine. « Une main est tendue et ne te lâchera jamais », leur dit-il. Son intervention se termine par des images de ses jeunes : il en a côtoyé tellement, enterré beaucoup également ; « Regardez le regard de ces jeunes », nous dit-il…

L'émotion est palpable dans la Halle Cantelys, tant chez les hommes que chez les femmes présentes. Sans transition, Guy Gilbert, juché sur une petite table pour mieux voir son auditoire, interpelle Daniel Cathiard : « Daniel, j'aimerais célébrer la messe dans tes belles vignes ! » Tout le monde est pris de court, Daniel et Florence Cathiard, bien sûr, mais aussi nous, les organisateurs et nos trois cent cinquante participants dans la salle !

Il reprend aussitôt, en se tournant vers le public : « Qui veut participer ? » Les mains se lèvent, d'abord timidement, puis de plus en plus nombreuses. Puis, c'est l'heure du déjeuner, un cocktail debout, qui se tient sur les vastes pelouses de Smith Haut Lafitte. Comme il fait très chaud, Florence a prévu la célébration dans la chapelle de Smith, située à côté de la salle de dégustation. À la fin du cocktail, nous nous retrouvons ainsi, une soixantaine de décideurs de tous horizons, serrés dans cette petite chapelle, autour de notre fameux prêtre des loubards, célébrant la messe.

Moment hors du temps, presque déconnecté de la réalité ! Étant catholique, cet événement a eu pour moi une résonance particulière. Je suis reconnaissant à Guy Gilbert de ne pas m'avoir mis au courant de son projet, que je n'aurais pas eu l'audace de valider, étant soucieux, à la fois d'aborder la question des valeurs en entreprise, en donnant du fond, sans pour autant faire du prosélytisme : l'exercice est parfois délicat.

Quatorze années plus tard, je repense encore à cet événement. Certes, Guy Gilbert a fait preuve d'audace, mais ce qui a impressionné tant de décideurs présents, c'est la cohérence entre ce qu'il dit et ce qu'il fait ; son authenticité, sa conviction également qu'il ne peut rien faire sans Dieu, ce que Charles Pépin appelle la « confiance mystique ». Il rappelle d'ailleurs ces paroles de Jean-Paul II, véritable source d'inspiration pour lui : « Si vous avez l'amour humain et si vous savez qu'il vient de Dieu, alors vous êtes invincible. »

Conclusion

De la « loi de la jungle » à la confiance et à l'espérance, ce livre propose un parcours jalonné de témoignages, dont le message contraste avec les discours dominants de notre société désabusée. Les conférenciers que nous avons sollicités sont souvent exceptionnels, en particulier ceux qui témoignent de leur vie ; leurs réflexions, leurs choix, leurs parcours forcent l'admiration. Ont-ils des points communs dont nous pourrions tirer une philosophie de vie ? La plupart ont une espérance, une confiance en eux et dans leurs proches qui surprennent si l'on considère objectivement leur situation et le contexte dans lequel ils évoluent.

Cette espérance et cette confiance leur permettent d'accomplir des projets hors du commun. Ainsi de Philippe Croizon : son projet de traverser la Manche à la nage est une négation de toutes les règles de bon sens. Le pré-requis pour un tel défi n'est-il pas tout d'abord d'avoir deux bras et deux jambes pour se propulser dans l'eau ? Sa confiance en lui, en sa compagne, en son entraîneuse, alliée à un entraînement intensif, va lui permettre de lever toutes les difficultés et de réussir.

Patrick Bourdet s'appuie sur chaque personne prête à l'aider, comme si chacune d'elles lui faisait la courte échelle pour lui permettre de franchir les obstacles et grimper un à un les échelons. Sébastien de Fooz s'en remet à sa bonne étoile et en sa foi en l'homme pour traverser des pays a priori hostiles ou des déserts, mais c'est bien un Turc inconnu, qui le recueille et lui sauve la vie, en pensant à son fils du même âge, décédé quelques années plus tôt.

Le projet peut être mis au service d'une noble cause, comme celui de Barbara Hendricks, qui part donner un récital au péril de sa vie, en pleine guerre du Kosovo ; bien sûr, cela ne mettra pas fin au conflit armé, mais c'est sa façon à elle d'agir pour ces populations otages de la guerre.

Parfois, comme en témoignent Íngrid Betancourt et Anne-Dauphine Julliand, l'espérance repose à la fois sur la force de l'amour familial (le souvenir si présent de sa mère et de ses enfants pour Íngrid, la qualité des liens partagés avec son mari et ses enfants pour Anne-Dauphine) et sur la conviction que Dieu existe et ne les abandonnera jamais.

Ces personnes sont donc admirables, mais il existe néanmoins un très grand nombre de personnes qui leur ressemblent, héros anonymes dont on ne parle jamais. Ils nous montrent le chemin de la confiance et de l'espérance, plus exigeants, certes, que la défiance ou, pire, que l'indifférence et la résignation, mais tellement plus inspirant et ouvert sur le monde. C'est ce chemin, qu'avec toute l'équipe que j'ai le plaisir d'animer au CECA, nous souhaitons vous proposer.

À Bordeaux,
le 18 mai 2023.

Remerciements

Ce livre est une belle aventure collective, touchant à la fois ma vie professionnelle et ma vie privée.

Initié pour raconter « hors les murs » quelques-uns des meilleurs moments vécus lors des universités Hommes-entreprises du CECA, il n'aurait pu voir le jour sans les nombreux acteurs professionnels qui en ont été les artisans : l'équipe du CECA, ses administrateurs, nos fidèles partenaires, les conférenciers eux-mêmes, qui, dans leur grande majorité, se sont prêtés au jeu.

Leur soumettre le projet a bien sûr nécessité un temps important, mais cela a été également une joie : l'occasion d'écrire une page supplémentaire avec eux et de prendre de leurs nouvelles.

Dans la réalisation, je dois exprimer également ma plus grande gratitude à mon beau-frère François de Bayser, qui m'a encouragé à écrire ce livre et mis en relation avec Salvator, à Marc Leboucher, mon éditeur, qui m'a fait confiance et rendu ce projet réalisable, à Anne, mon épouse, pour sa patience et son abnégation, à ma sœur Yolaine pour ses conseils éditoriaux avisés et sa relecture attentive.

Enfin, je tiens à remercier Xavier Fontanet, dirigeant performant et humain à la tête d'Essilor. Préfacer un livre sur la transformation du monde professionnel où l'on fait intervenir principalement des acteurs de la société civile et non des chefs d'entreprise n'allait pas de soi !

Bibliographie

Idriss Aberkane, *L'âge de la connaissance*, Robert Laffont, Paris, 2018 ; UHE, 2017[1].

Laurent Alexandre, *La mort de la mort*, Jean-Claude Lattès, Paris, 2011 ; UHE, 2017.

Oussama Ammar, UHE, 2016.

Christophe André, *Imparfaits, libres et heureux*, Odile Jacob, Paris, 2006 ; UHE, 2009 et 2014.

Michel Authier, UHE, 2012.

Jacques Baratier, *L'entreprise contre la pauvreté*, Autrement, Paris, 2005 ; UHE, 2006.

Nicolas Baverez, *Danser sur un volcan*, Albin Michel, Paris, 2016 ; UHE, 2016.

Íngrid Betancourt, *Même le silence a une fin*, Gallimard, Paris, 2010 ; UHE, 2015.

Frédérique Bedos, *La petite fille à la balançoire*, Les Arènes, Paris, 2013 ; UHE, 2014.

Gonzague de Blignières ; UHE, 2018.

Patrick Bourdet, *Rien n'est joué d'avance*, avec Guillaume Debré, Fayard, Paris, 2014 ; UHE, 2018.

Nicolas Bouzou, *Le travail est l'avenir de l'homme*, Éditions de l'Observatoire, Paris, 2017 ; UHE, 2018.

Nicolas Buttet, UHE, 2018.

1. « UHE… » : année de l'intervention lors de l'université Hommes-entreprises. L'université Hommes-entreprises est organisée, chaque année, fin août, par le CECA (https://ceca.asso.fr/universite).

Vincent CESPEDES, *L'ambition ou l'épopée de soi*, Flammarion, Paris, 2013 ; UHE, 2015 et 2022.

Laurent DE CHERISEY, *Passeurs d'espoir*, Presses de la Renaissance, Paris, 2015 ; UHE, 2012.

André COMTE-SPONVILLE, *Le capitalisme est-il moral? Sur quelques ridicules et tyrannies de notre temps*, Albin Michel, Paris, 2004 ; UHE, 2004 et 2020.

Philippe CROIZON *J'ai traversé la Manche à la nage*, Jean-Claude Gawsewitch Éditeur, Paris, 2012 ; UHE, 2013.

Boris CYRULNIK, *Sauve-toi, la vie t'appelle*, Odile Jacob, Paris, 2012 ; UHE, 2023.

Matthieu DAUCHEZ, UHE, 2023.

Virginie DELALANDE, UHE, 2019.

Vincent DESPORTES, *Devenir leader*, Odile Jacob, Paris, 2023.

Philippe DESSERTINE, *Ceci n'est pas une crise, juste la fin d'un monde*, Anne Carrière, Paris, 2009 ; *Le grand basculement*, Robert Laffont, Paris, 2021 ; UHE, 2009, 2012, 2019 et 2022.

Catherine DESTIVELLE, UHE, 2009.

Emmanuelle DUEZ ; UHE, 2023.

Luc FERRY, *La vie heureuse. Sagesses anciennes et spiritualité laïque*, Éditions de l'Observatoire, Paris, 2022 ; UHE, 2010 et 2012.

Xavier FONTANET, *Pourquoi pas nous ?*, Les Belles Lettres/ Fayard, Paris, 2014 ; UHE, 2015.

Maud FONTENOY, *Ras-le-bol des écolos*, Plon, Paris, 2013 ; UHE, 2014.

Sébastien DE FOOZ, *À pied à Jérusalem*, Racine, Vaulx-en-Velin, 2007 ; UHE, 2011.

Philippe GABILLIET, *Éloge de l'optimisme*, J'ai lu, Paris, 2018 ; UHE, 2009, 2012 et 2020.

Clara GAYMARD, *Faut qu'on parle*, avec Bérénice Bringsted, Plon, Paris, 2016 ; UHE, 2012 et 2018.

Isaac Getz, *Liberté & Cie*, Fayard, Paris, 2012.
Guy Gilbert, *Aimer plus qu'hier, moins que demain*, Éditions Philippe Rey, Paris, 2018 ; UHE, 2008.
Pierre-Yves Gomez, *Le travail invisible*, François Bourin, Paris, 2013 ; UHE, 2014.
Fabrice Hadjadj, *Comment parler de Dieu aujourd'hui ?*, Salvator, Paris, 2012 ; UHE, 2010, 2017 et 2021.
Marc Halévy, UHE, 2014.
Barbara Hendricks, *Ma voie*, Les Arènes, Paris, 2010 ; UHE, 2014.
Emery Jacquillat, UHE, 2022.
Anne-Dauphine Julliand, *Deux petits pas sur le sable mouillé*, Les Arènes, Paris, 2011 ; UHE, 2016.
Christine Kerdellant, *Dans la Google du loup*, Plon, Paris, 2017 ; UHE, 2017.
Joseph Kessel, *Les mains du miracle*, Gallimard, Paris, 1960.
Olivier Lajous, *L'art de diriger*, L'Harmattan, Paris, 2013 ; UHE, 2015 et 2023.
Dominique Lapierre, *La cité de la joie*, Robert Laffont, Paris, 1985 ; UHE, 2008.
Patrick Lemattre, UHE, 2008.
Clément Leroy, *Le sens de l'équilibre*, avec Daphné Kauffmann, Intervalles, Paris, 2020 ; UHE, 2019.
Stéphane Lévin, *Seul dans la nuit polaire*, Arthaud, Paris, 2004 ; UHE, 2008 et 2010.
Christian Monjou, UHE, 2017.
Claude Onesta, *Le règne des Affranchis*, Michel Lafon, Paris, 2014 ; UHE, 2017.
Claire Oppert, *Le pansement Schubert*, Denoël, Paris, 2020 ; UHE, 2022.
Charles Pépin, *La confiance en soi*, Allary Éditions, Paris, 2018.
Atanase Périfan, *Pas de quartier pour l'indifférence*, La Table ronde, Paris, 2005 ; UHE, 2012 et 2019.

Pascal Picq, *Un paléoanthropologue dans l'entreprise*, Eyrolles, Paris, 2011 ; UHE, 2011 et 2014.

Xavier Pommereau, *Le goût du risque à l'adolescence* Albin Michel, Paris, 2016 ; UHE, 2010 et 2016.

Alexandre et Sonia Poussin, *Afrika Trek. 14 000 km dans les pas de l'homme*, Robert Laffont, Paris, 2004 ; UHE, 2006 et 2019.

Pierre Rabhi, *Semeurs d'espoirs*, Actes Sud, Arles, 2013 ; UHE, 2013.

Cécile Renouard, UHE, 2020.

Matthieu Ricard, UHE, 2011.

Malene Ridahl, *Heureux comme un Danois*, Grasset, Paris 2014 ; UHE, 2020.

Éric-Emmanuel Schmitt, *Oscar et la dame rose*, Albin Michel, Paris, 2002 ; UHE, 2009.

Michel Serres, *Petite Poucette*, Le Pommier, Paris, 2012 ; UHE, 2005 et 2012.

Florence Servan-Schreiber, *Trois kifs par jour*, Marabout, Vanves, 2011 ; UHE, 2015.

Juliette Tournand, *La stratégie de la bienveillance ou l'intelligence de la coopération*, InterÉditions, Malakoff, 2021 ; UHE, 2008.

Laurence Vanhée, *Happy RH : le bonheur au travail, rentable et durable*, La Charte, Vanves, 2013 ; UHE, 2015.

Cédric Villani, *Les coulisses de la création*, avec Karol Beffa, Flammarion, Paris, 2015 ; UHE, 2018.

Table

DEUXIÈME PARTIE
D'UN MONDE À L'AUTRE : LES MUTATIONS NÉCESSAIRES

TROISIÈME PARTIE
VERS UN MONDE OÙ SE CONJUGUERAIENT CONFIANCE ET ESPÉRANCE

CET OUVRAGE A ÉTÉ COMPOSÉ
PAR ATLANT'COMMUNICATION
AU BERNARD (VENDÉE).

Achevé d'imprimer en août 2023
sur les presses de
La Manufacture - Imprimeur – 52200 Langres
Tél. : (33) 325 845 892

N° imprimeur : 230585 - Dépôt légal : août 2023
Imprimé en France